面對它、接受它、處理它、放下它

煩惱也沒關係；

牽掛，

表示你在意。

吳若權

| 自序 |

從轉念到放下，回歸簡單也減擔

● ● ●

這一生，究竟所為何來？

從稚齡到熟年，我們總是向外追尋，渴望獲得關注與肯定，印證自己生命的價值。過程中，無可避免地經歷大大小小的成功與失敗、被愛與背叛、盼望與失望，相遇與錯過……才知道：並不是所有努力都會有收穫、不是只要珍惜就能夠擁有。

如果可能的話，多麼希望在遭受失敗、背叛、失望、與錯過之後，還能懂得溫柔對待自己，感謝每一個當下。然後明白：**可以靠自己，把更多的愛，帶回內在。從此不再尋覓、停止漂流。在覺悟的那一瞬間，終於明白：自己，就是愛！**

是什麼樣的信念，可以支持自己，繞過千山萬水，忍受折磨痛苦，挺到這一刻？

當一次又一次的憂鬱，如暗夜浪潮襲來，以吶喊質問般呼救著：「為什麼會是我？」「究竟要讓我痛苦到什麼時候？」「難道，人生就只能這樣繼續下去沒完沒了嗎？」即使未發出真正的音響，但已經聲嘶力竭。每一次吶喊、每一個問號，後面其實都有一個解答，只要你願意靜心以待，就會慢慢聽見。

煩惱與恐懼，是自己和自己之間，最遙遠的距離。

之所以深陷痛苦而難以自拔，是因為在落難的時候，我

們很容易跟著世俗的評論貶抑自己。**世界上最惡毒的語言，往往不是來自別人的嘴巴或鍵盤，而是自己都不看好自己的質疑與批判。**連別人明明好意的勸說：「你要放下啊！」都變成帶著惡意的嘲諷。內心真正想反擊的是：「放下，如果有那麼簡單，你來體會我的痛苦看看啊！」

放下，真的、真的，真的好難啊！

每一個人所經歷的苦痛，都是無法比較、也無從複製的。所有的感同身受，都只是出自善意的體貼，或許可以帶來一點支持的力量，卻並不足以成為真正可以幫助當事人停止煩惱，終能放下的解方。

從前，我是這樣自勉的：**既然無法放下，就先學著盡力承擔吧！**於是，我認真到連重訓的教練執照都考取了。然而，人生的責任，並非健身房的槓片。氣力再大，深蹲所能承擔的重量有限；活著的煩惱與牽掛，卻是沒有盡頭的。

像我這樣身為將近長達三十年的照顧者，必須同時扛起家務與經濟的重擔。平均每晚睡不到五小時，午夜夢迴時常常只剩下油盡燈枯的感覺。

然而，我不會是這世界上唯一的、或最疲累的照顧者。除了照顧，相對於其他人受困於工作、情感、婚姻、金錢、健康等議題，我該慶幸自己能撐住。

‧　　　‧　‧

　　但若問及每一個深陷在痛苦中的人:「你是怎撐住的?」實在有些殘忍。因為正在努力學習承擔的人,幾乎都是沒有心思多想的。

　　我確實常被關心我的讀者、與記者詢問這個問題,每次想要仔細回答,分享那些痛苦難捱的辛酸,卻又百感交集到無法暢談。

　　好幾回,微張開口的嘴型停頓在空氣中,轉為靜默的一抹微笑,內心對自己比了一個「讚」!真的,你好棒。

　　原來啊,這就是轉念!

　　之前因為放不下而辛苦承擔的我,在此恍然明白:**停止受害者的念頭,會讓自己變得更強大。終而能從痛苦的此岸,度到放下煩惱牽掛的彼岸。除了謝天謝地,還要感謝自己。**

　　經過無數次對生命的叩問,看清楚內心因為恐懼而產生的罣礙,漸漸學會善待自己的方式,會鼓勵自己說:「煩惱也沒關係;牽掛,因為心還在意。」

　　多年前,有幸親臨法鼓山聖嚴師父門下受教,他所倡議的「四它」:面對它、接受它、處理它、放下它。其實就是把博大精深的佛法智慧,轉譯成淺白易懂的日常實踐。教導我們從轉念到放下,處理事情回歸簡單、身心也跟著減擔。

　　「簡單」，就是「減擔」。因為化繁為簡、反璞歸真，自然會減輕負擔，輕鬆自在。

　　煩惱時，試著將紛亂的雜念釐清，把所有的牽掛化為可以幫助彼此的聯結，產生正面的能量，扛得起責任，放得下憂慮。這是轉念的過程，需要持續地練習。

　　經過這些年的人生洗鍊，我把向聖嚴師父請益的內容，濃縮精華並重新編纂為叩問生命的 108 個轉念練習，以 QA 的方式，配合金句的摘錄，讓每位讀者都能夠再次領受聖嚴師父詮釋佛學的智慧，並在生活中實踐而獲益。

　　《煩惱也沒關係；牽掛，表示你在意》編列為我的第 119 號作品。希望能夠陪伴你——轉念回歸簡單，放下立刻減擔。

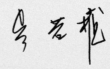

| 附　　錄 |

孤獨是
一種
沉默的力量

CHAPTER 1 ——————————————

如何盡情享受獨處，

「孤獨」而不「孤僻」？

成長的路一定是孤獨的嗎？

孤獨，有助於成長？

如何善用孤獨的處境，

面對更真實的自己，活得更幸福？

有人曾經問我：「從事文字創作，最需要的特質是什麼？」我發現文字創作者最重要的特質，既不是多麼細膩的觀察、也不是多麼深刻的表達、更不是多麼曼妙的詞藻，而是能夠長期處於孤獨的狀態中，與自我對話。那是一種完全無畏的自省，也是徹底勇敢的出發。

　　《湖濱散記》作者亨利‧梭羅（Henry David Thoreau）說過：「如果一個人不依循著同伴的步伐前進，很可能是他聽見了另一種鼓聲。按照聲響傳來的方向邁步吧，不管它是多麼的微弱和遙遠。」

　　年少時的我，很早就聽見了和別人不同的鼓聲，但是，並不敢邁開自己的步伐。我躲在人群裡，盡量保持安靜，表現和別人同樣的舉止，害怕別人看到我與眾不同的地方。直到我還是力不從心地落伍脫隊，把自己推向更深的孤獨裡，在黑暗中看清楚一切。隨著年紀成長，漸漸體會：只要用心觀照，長夜與永晝，其實沒有分別。倘若不是經歷這麼深沉的孤獨，我的人生不可能脫胎換骨。

　　孤獨，是發揮生命潛能最好的契機。可惜，很多人在剛剛開始感覺孤獨時，就先千方百計從孤獨的環境中逃掉，不

甘寂寞地想找個人說說話、或打開電視音響、或上網聊天，不肯面對自己的孤獨。這種行為就像是獨自走出門外，一旦置身漆黑之中，立刻想回頭找根蠟燭或火把，失去讓自己面對孤獨、處理孤獨的機會。

　　只要換個方式，在感到孤獨時，不要急著向外尋求依靠，而是往更孤獨的深處走去，好好靜下來安頓自己的身心，就會聽見專屬於自己，生命的鼓聲。

　　當我們懂得停止心裡的愛恨喧嘩，在寂靜中擁抱孤獨的自己，長夜即成永晝，走馬看花，似水年華，都只不過是轉瞬之間的當下。

| 01 |
孤獨能帶來什麼發現？

愈是身處安靜、孤獨的地方，
愈能夠擁抱內在的靈魂，
找到真正的自己。

　　最深的孤獨，猶如一個人置身於墨然夜色裡。但要破除黑暗的辦法，並不一定是給他光亮。既然一盞燈不能取代黑暗，不如吹熄算了。凡事自然就好，不用跟別人比較，讓自己超脫於黑暗與光明的對立，才能真正地自在。

　　這個典故，來自聖嚴法師曾經講過的一則禪宗公案「龍潭吹燭」：某個夜裡，德山宣鑒侍立在其師崇信之側。龍潭禪師要德山退下休息，德山告辭後旋即回來，對龍潭禪師說：「外面黑。」龍潭禪師點了蠟燭交給德山，德山正要接過來時，龍潭禪師卻一口將它吹滅。

　　站在黑暗中的德山，就像是小時候常感覺到孤獨的我，剛開始都會覺得孤單、害怕，但是只要能夠在幽暗的處境中待得更久，或讓自己往更墨黑的方向走去，回頭將會發現，來時路有如晴川歷歷。從邏輯上來推理，是瞳孔適應了黑暗的環境，自動調整視覺的感應，但是，我更相信心靈的力量，對周遭變化的適應。愈是身處安靜、孤獨的地方，愈能夠擁抱自己的靈魂，找到真正的自己。

| 02 |

一個人獨處，可以是豐盈的嗎？

　　人與人之間的差異性很大，形成孤獨的原因也不盡相同。有些人形單影隻，看起來就很孤獨。包括：過了適婚年齡，卻還單身；離婚後就決定不再婚；或是出家人。撇開外人的眼光，想像天下為人父母者的心情，都會擔心這些兒女，將來一個人孤孤單單，怎麼辦？如何讓這些形單影隻的人，和父母之間，雙方可以比較沒有牽掛的生活？

　　連聖嚴法師都被這樣關心過，五十多歲時，哥哥還在擔心他將來年邁時沒有人照顧，會很可憐，想把一個孩子過繼給他。

　　這些好意的後面，都忽略了一個現實。即使有了孩子，他們也不一定會在旁邊讓兩老倚靠；即使有配偶，兩個人之間還是有一個會先走。

　　聖嚴法師的母親走得比較早，獨留父親一個人。雖然，

父親有好幾個孩子，但是在兵荒馬亂的情況下，誰都顧不了誰，這是很無奈的事。活到八十歲的父親，最後用自殺結束生命，其實是死於孤獨。聖嚴法師感慨地說：「可惜，那時父親不知道要學佛。」談及父親的過往，他的眼神，充滿悲憫。

從佛學的觀點來看，自殺並不能結束煩惱。生命，是永恆延續的；煩惱，是殺不掉的。

自殺，只是提前結束這一世，自殺以後煩惱會隨著另外一個生命而出現。現在的痛苦，不是用自殺就能斷掉，現在拋掉了這個生命的痛苦，下邊跟著來的新生命，痛苦還是繼續跟著你。

人只要活著，就有一定的價值。即使晚年生活形單影隻，外觀上看起來很孤獨，但是只要你能轉變孤獨的感受，積極去服務別人，就能感受生命的美好。

讓自己能夠在身處孤獨中，鍛鍊面對生命無常的勇氣。

| 03 |
「孤獨」與「孤僻」有什麼不同？

「孤僻」的人，永遠只有自己；
而「孤獨」的人，
是為了某些原因必須「獨處」，
並非目中無人。

　　有一個居住在美國的華人小孩，幼年時期有點自閉症的行為，他不跟任何人打招呼，甚至跟自己的父母都很少講話，在學校也不跟同學來往，同學們在做遊戲，他只是站在旁邊看，要不然就是找個地方躲起來。

　　父母為了這個孩子，十分擔憂。聖嚴法師卻用自己的方

法和這個孩子相處，並且建議父母邀請朋友，每次看到這個小孩，就跟他打招呼，跟他講講話，即使他沒有回應也沒有關係，依然繼續跟他講、跟他談，漸漸地，他會有回應，就自然而然能與人相處。

有些人封閉在自己的世界裡走不出來，的確很孤獨，他們需要幫助。相對地，有些人之所以封閉自己，並非先天心智或後天環境養成，而是自己孤芳自賞，其實自己沒那麼優秀，卻老是覺得自己很卓越，看不起別人。孤芳自賞，不夠慈悲、也不夠智慧，人家不敢碰他，他也找不到朋友，會愈來愈痛苦。

孤芳自賞，和眼光上的高瞻遠矚、或權勢上的高處不勝寒，都不一樣，而是覺得自己很優秀，但別人並不苟同。看起來，他好像很自傲，其實是自卑的。這已經不是「孤獨」，而是「孤僻」。

「孤僻」和「孤獨」最大的不同是：「孤僻」的人眼中，永遠只有自己，沒有別人；「孤獨」只是因為某些原因而必須「獨處」，並非目中無人。

「孤獨」只是相對地和別人暫時處在不同的位置，以主動隔離的方式精進自己，並非只是獨善其身，還是要以蒼生為念，利益眾生。

| 04 |
孩子無法排解孤獨感，
父母該如何協助？

　　現在家庭的子女人數都很少，熟識的鄰居也不多。多數取巧的父母就把缺乏玩伴的孩子擺在電視機或平板電腦前面，看起來好像暫時解決孤獨的問題。當孩子再長大一點，就會過度依賴網路影音或線上遊戲，其實後果更加嚴重，導致親子之間愈來愈疏離。

　　幫助孩子化解孤獨的感受，是父母應盡的責任。父母要盡一切力量，讓孩子感受到家庭的溫暖，才會有平和穩定的個性，面對外面的世界。

> 必須用孩子的眼光、用孩子的角度、用孩子的語言，一起去做孩子喜歡的事，不是強迫孩子去做大人期望的事。

　　這就是佛法中常提到「四攝法」的「同事」。「四攝法」是指菩薩發心為了化渡眾生，使眾生蒙受利益，樂於接受菩薩教化的四種方法。包括了：「佈施、愛語、利行、同事」。

　　簡單扼要地解釋：「佈施」，是將自己有的智慧、錢財、體力貢獻給需要的人。「愛語」，是說話溫柔，給對方鼓勵，產生歡喜心。「利行」，是成全別人，做對別人有幫助的事。而「同事」呢，並非狹義地指稱和你共事的人，而是指用對方能夠接受的方式溝通，才能真正感化他。

若要排解孩子的孤獨，
就是讓他感受到家庭的溫暖。

　　想教化孩子，就得先跟他在一起，學習他的樣子，體會他的需要，扮演他的角色。除此之外，父母應該以身作則。有些父母只會要求孩子向長輩問好，反而父母自己卻沒有跟別人打招呼的習慣，這樣，孩子很難學會真正待人接物的方法。若是連這些基本的禮節教育都疏忽，父母對別人不友善，也從不教育孩子要跟別人打招呼，漸漸地，孤獨的孩子長大，他們的眼中只有自己，沒有別人，完全不懂得慈悲。

　　當為人父母者，看到親戚朋友、認識或不認識的人，都會主動跟人家打招呼，對方也會回應，往來之間，孩子就會感染人與人之間的善意。

孩子在充滿善意的環境中成長，才會有安全感，認知外面的世界有美好的一面，也有信心走入人群，然後才能創造自己的天地。

| 05 |
孤獨是要把自己與內心分開？

孤獨，有時候是指一個人獨處時寂寞的心情，有時候卻是在群聚的場合中無法融入群體的疏離感。孤獨，可能是形體的，也可能是心境的，或者也可能互為因果。然而，孤獨並非全然是負面的。**善用孤獨的力量，其實是成就自我很要的修行。**

談到孤獨，聖嚴法師將它分為幾種形式：

第一種形式，是「主動的孤獨」。自己刻意要和外界保持一定程度的距離，避免太多無謂的互動及接觸。例如：大修行人，他必須孤獨，在修行的過程中，他是孤獨的，從外表上看，他是孤獨的一個人，甚至刻意遠離紅塵，與世隔絕；他不只是身體的孤獨，也是內心的孤獨。

需要有一段時間來安靜自處，
讓自己孤獨，
以便於把自己看得更清楚，
同時也把這個世界看得更透澈。

　　所以修禪定的人，開始用功練習的時候，必須要在「阿蘭若處」，就是「人煙不到的地方」，即使有人講話，或者，雞、狗、牛的聲音都聽不到。在這種地方，努力修定，使得自己能夠沉靜下來，進入所謂的「三昧」。

　　「三昧」是梵語，意思是把心專注於一處，就像念佛時，心中只有阿彌陀佛，其他念頭都沒有。一心念佛，不但可以除煩惱妄想、消業、開悟，更可以生淨土、成佛。

　　這就是為什麼很多人為了修行，要刻意找一個僻靜的環境，把自己孤立起來。學習把自己的內心和身體孤立起來，本來身體和內心應該是不會分開的，但修行中就是把身體和內心隔離。

　　心不要老是依賴著身體，想到身體的痛、癢、麻、餓、渴、舒服、不舒服……把這些感受統統隔絕起來。

　　接下來，就是連腦海中的「前念」和「後念」都分開，只有「現在」這個念。

意識到前念已經過去，
後念還沒產生，
就只剩下現在這個念。
這樣才能進入「三昧」，
達到真正「定」的境界。

　　孤獨，到了這個層次，再來看人、看社會、看世界、將會是另外一種體驗。原先看世界時，都是受到既定的、世俗的影響，並沒有自己的思考，失去正確判斷的能力，當修行到了「三昧」，就會有全新觀點來看待身邊的一切。

孤獨之後，
會有全新觀點
來看待身邊的一切。

| 06 |
只要盡情地感受孤獨，
就能有所成長嗎？

> 必須透視孤獨的面貌，
> 才能勇於面對人生的真相。
> 要積極處理感受，
> 把孤獨化為力量。

　　孤獨的第一種形式，是「主動的孤獨」，而第二種形式是：「被動的孤獨」。當身邊的人離自己而去時，就特別容易感覺自己形單影隻，例如：孩子離開母親、夫妻兩人分離。有些人發財、得勢的時候，家門前總是車水馬龍，大家都來逢迎，一呼百諾；可是，當失意的時候，妻離子散，眾叛親離。

　　有些人感到孤獨，內心渴望能夠有朋友、有親戚，有人可以倚靠，如果沒有辦法，就希望養寵物，天天有能說話的對象，因為在感情上頓失依靠，而覺得自己形單影隻，這就是被動的孤獨；還有些年輕的孩子，在學校被同學排擠，沒有朋友能一起玩，這樣的孩子內心，也會感到孤獨。

　　第三種形式，是「思想的孤獨」。特別聰明的人，很會思考的人，看問題的見解和別人很不一樣，因為他看得更深入、看得更遠，總是覺得「眾人皆醉我獨醒」，急於發表自己的抱負與理念，跟任何人談話時，主題都繞著如何拯救這世界，卻沒有多少人聽得懂，甚至沒有什麼人願意接納他。

　　如果沒有好好處理，也可能用偏激的方法面對人生。例如：投汨羅江自殺的屈原，還有一些知名的革命家，得不到相對的共鳴或支持，最後都成了烈士。他們不必走上絕路，卻因為不懂得如何處理內心的孤獨，壯志未酬身先死，自己

卻還覺得是求仁得仁。

　　第四種形式，是「權勢的孤獨」。位居高階的人，有高處不勝寒的恐慌，也由於地位太高，沒有人敢給他建議，沒有人敢跟他談心。即使，他要放下身段找人家談心，也無人敢跟他談。通常別人找他，都是有事請教他、拜託他，或者依賴他。大家最習慣的應對方式，就是奉承他。就算終日圍繞在身邊的人很多，但是他的內心依舊苦悶。

　　最典型的就是古代皇帝稱自己為「孤家」，他的世界是極度孤獨的。身邊的人都難以真誠對待他，因為伴君如伴虎，一句話說得不好，可能就惹來殺身之禍。所以權威的人、權高的人，也常常感到孤獨。

　　在獨裁的古代，這種高高在上、並不是君主自己可以選擇的孤獨，但來到現今社會，似乎不應該存在這種因為權勢而變得孤獨的人。位高權重者可以多聽大家的建言，不能隨便處置別人。可惜現在還是有些公司的老闆，非常專斷，他也是很孤獨的，跟古代皇帝沒有兩樣。

　　從以上四個角度來透視孤獨的面貌，可以更勇於面對人生的真相。**無論是哪一種形式的孤獨，都必須要妥善地處理，才不會產生負面或極端的念頭，只要能夠積極面對，找到處理的方法，就能轉而變成正向的力量。**

| 07 |

如何體驗一個人的沉靜？

像潛水般躍入最深沉的孤獨裡，才能浮現出最真實的自我。

我曾在廣播節目中訪問搖滾歌手伍佰，他提及每次創作新專輯時，都會有一段閉關的時間，整理自己對某段生活的體驗及感懷。而他所謂的「閉關」，並不是把自己關在小房間裡，而是獨自開車前往僻靜的東台灣。在路上行車那個流動的小小空間裡，像潛水般躍入最深沉的孤獨裡，然後才能浮現出最真實的自我。

據說，我很心儀的作家蘇偉貞，在創作《沉默之島》這

部長篇小說時，也曾經到香港附近的一個離島長住。這些刻意與世隔絕的經驗，都是「主動的孤獨」，為的就是沉澱自己，讓心境透明。雖然，這部小說並非所有的文字都是在那個島上完成，但字裡行間瀰漫著小島的孤獨，彷彿翻開扉頁就聞得到空氣中潮濕而微鹹的氛圍。

我認為是短期的閉關，滲入心靈的洗禮，化為書寫的血液，脈動了文字的靈魂。

「在家人」非正式的「短期閉關」，和「出家人」正式的「長期閉關」有所不同。聖嚴法師曾經自主性地規畫閉關，前後時間總計長達六年之久，這麼長的時間，之所以能夠定靜在斗室之中，安於和自己相處，他認為：「這跟自己的意願很有關係。」如果被人家強迫閉關六年，就好像是監牢服刑，甚至比坐牢還要苦。監牢裡面有獄官，可以看到人，還可以「放風」。而修行人在閉關的時候，幾乎是終日看不到人。雖然有人每天兩次送飯、送菜、送水，但都是送到一個小小的窗口，並沒有看到人，與人接觸或交談。

這種「主動的孤獨」需要很大的毅力，所以，出之於自己的願力，主動地渴望置身於孤獨的環境，這個心態是最重要的。

| 08 |
「閉關」能讓身心到達何種境界？

關房，從別人的角度，
看到的是小小的斗室；
從自己的內心出發，
卻是遼闊的世界。
牆邊爬過的螞蟻，
窗邊飛掠的鳥影，
都是宇宙中豐富的姿態，
用心去體驗、去感受，
就完全不會感到寂寞，
反而非常自在，也不覺得孤獨。

聖嚴法師分享他的閉關經驗時提及；獨坐在關房裡，無論是打坐、看經文、寫作，彷彿正在與古人交往、神遊。當整個宇宙，都包容在自己心中，並不會覺得自己被關起來。如果只憑藉眼睛去看、耳朵去聽，會感覺整個宇宙很大，而身體的接觸很有限；倘若換個方式，從內心體驗這個世界，就會突破時間和空間的界線，產生無限深遠廣大的感受。

當然，閉關之前必須做很多準備，也要向有經驗的人請教，獨自在關房裡，才會懂得調和身心。調心，是指心情上有任何一點矛盾時，馬上用方法讓自己的情緒安定平穩；調身，則是靠拜佛及打坐，把身體的氣息、肌肉、神經、骨骼都調理好，身心都平穩安定，才能安於在關房裡修行。

在閉關中，常會出現幻聽、幻視、幻覺，就是很多人常說的「魔境」。其實都是身心自然的一種反應，必須先具備修行及佛法的基礎，才能判斷該如何處理。而獨自待在深山裡面，必須還要懂得一點衛生保健的醫療常識。

出家人這種「主動的孤獨」，自主性地進入隔絕孤立的閉關狀態，以達到精進修行的意義，跟個人的「願力」有絕對的關係，只要心願夠大，便能克服萬難。聖嚴法師認為雖然人的「個性」是個因素，但可以透過「願力」來克服，只要有心、有願，就會有定力。

| 09 |
隨心所欲的孤獨，是什麼樣貌？

對於要求自我精進的人來說，
不僅可以參與熱鬧的場合，
但也能隨時把自己隔絕在
孤獨的情境裡，
完全是出於自己的意願，
在什麼時候扮演什麼角色，
完全不受限制。

　　如果光是待在家裡面幾個小時或幾天，就覺得好悶，這就是耐不住孤獨，有點像梁山泊裡的黑旋風及魯智深那些武將武人，無法安靜下來，即使強迫自己看書，也未必能夠看得很深入。反之，對有興趣閱讀的人來說，沉浸在字裡行間是很優游快樂的，比逛街、看電影還要豐富。

　　與世隔絕，讓自己孤獨，對修行有絕對的必要性。別以為自己可以不受影響，倘若功夫不夠深，很容易就受影響，心會定不下來。

　　曾經有位專門幫喪家做經懺的法師，他看到別人修行成為大法師，就不想繼續趕場做經懺，於是決定閉關修行。可是，他的心願並不堅定，入關之前沒有做好準備，在關房裡面，經文看不懂、打坐心不定，待不到幾個月的時間，就覺得心煩意亂，連拜佛都感覺頭疼。

　　他還要求在關房裡面擺一部小收音機，可以收聽廣播播報籃球比賽。當球季結束，又開始覺得無聊，改聽相聲。後來真的耐不住孤獨，他就偷偷在誦經區的後面，悄悄挖一個壁洞，自己就跑出去。像這位法師，他不懂如何修行，既沒有基礎，也沒有人指導，就不適合閉關。

|10|

做重大決定時，沒能獲得支持，
這時該堅持，或妥協？

　　修行，是要甘於寂寞，透過「主動的孤獨」，安靜地面對自己，思考生命。聖嚴法師在六年的閉關期間，不聽收音機、不看報紙，連書信連絡都盡量避免。刻意地孤立自己，與世隔絕，才能專注地修行。

　　我很好奇聖嚴法師閉關的時間是六年，恰巧跟釋迦牟尼佛靜坐在菩提樹下悟道的時間一樣長。聖嚴法師微笑回答：「都是因緣。」

　　當初他閉關三年，曾經出關，後來又再繼續閉關。六年期滿，還想繼續閉關，這時有人勸他去日本留學，而且機會非常難得，他才決定出關。從日本學成以後，又有因緣被請到美國去一趟，再回到台灣來教書辦學，雖然很想繼續閉關，但沒有時間，也沒有機會。

　　孤獨地面對重大的抉擇時，哪一個選項是適合自己的決定？有時候還真是教人難以分辨。當聖嚴法師決定要到日本留學後，臨要出門前，突然有人因為不了解此行的動機及意義，抱持反對意見，甚至連原來同意贊助旅費的人都抽身。在那個當下，「留在台灣」和「遠赴日本」，哪個才是最好的選擇呢？

　　聖嚴法師回想那次的抉擇，很堅定地說：「到日本去學習弘揚佛法是很必要的。雖然經濟的支援受挫，但決定是早已做好的，欠缺盤纏跟弘揚佛法相比，經費顯然是微不足道的問題，只要另想辦法，積極處理，一定有辦法解決。更何況當時入學手續辦好了，還有同學等我去，所以還是堅定最初的志向，前往日本。」

　　「因緣」要看整體的環境，每一個因素都可能會有所牽連，但不能因為一個事情、或有一點狀況就放棄。

雖然，「獨排眾議」的決定是孤獨的，但隨著因緣的路途前行，自己就是最好的知音。

| 11 |

遭遇背棄，應如何找回自己？

**可以虛心懺悔；毋須盲目後悔，
要檢討自己；但不要否定自己。**

　　離婚或被情人拋棄而失去伴侶，工作到某一天突然被遣散。這類型的孤獨，經常伴隨著失落感與負面的情緒，覺得很委屈、憤怒、或是自己受到不公平的待遇，並認為自己不夠好，不被需要。

　　當心境落入這種「被動的孤獨」狀態時，要怎麼樣調適，才能走出孤獨的困境？

　　聖嚴法師的建議是：「要先積極調整自己的心態，化被動為主動。」

　　當自己被裁員、被配偶遺棄、或被朋友背叛時，首先要檢討一下是什麼原因造成的，究竟是自己的責任，還是對方的責任？如果是自己的責任，就要珍惜這個經驗、學到教訓，這是很可貴的，可以避免將來重蹈覆轍。

　　當人生碰到「被動的孤獨」時，首先要檢討自己，但不要否定自己。可以虛心懺悔，毋須盲目後悔。

　　如果自己有錯或有做不好的地方，就要改進；如果是對方的錯，當然就更不要用對方的錯來懲罰自己，反而應該慶幸自己沒有花那麼多的時間，在一個不值得付出的對象，或一段不值得經營的關係上。這是在「被動的孤獨」時，必須要有的基本想法。

| 12 |

無法被別人理解，該怎麼辦？

　　世界上存在三種不同的人，就是所謂的「先知先覺」「後知後覺」「不知不覺」。「先知先覺」的人，思想很前衛，可能在時代前面走了幾百年，而之後幾百年的人都還跟不上去。

　　「思想的孤獨」是一盞燈，是一個指標，或許大家的確是要往這個方向去，但是很難立刻完成，也無法馬上驗證。

　　倘若常感覺自己屬於「思想的孤獨」，最有效的解決步驟是應該要先訓練「後知後覺」的人，讓他們認同，然後叫「不知不覺」的人變成「後知後覺」。當有一群人跟著做了，後人漸漸響應，時代就會慢慢進步。

　　釋迦牟尼佛希望渡一切眾生的理想，到現在也沒有完全實現。但是他所宣揚的佛法很有用，很多人在佛法中得到利益。

　　即使，世界上佛教徒的人數並不是很多，但是，更因為如此，宣揚佛法的工作還是要繼續努力下去。

　　所以思想比較前進的人，就是要學習釋迦牟尼佛的精神，需要更長時間的努力，包括：推廣教育、宣傳、溝通等，可以用很積極的行動投入，但是，不能夠用暴力的手段來達成思想的實現，不能強迫別人接受自己的理想，造成別人的為難。

思想孤獨的人，唯有用行動的熱情，來融化內心的孤獨。才能在漫漫長路，堅持下去。

　　譬如，「地球環保」這件事情，過去台灣不是那麼有環保的概念，民眾配合度其實也不是很高。聖嚴法師多年前開始提倡「心靈環保」，近幾年呼籲大家「珍重生命，你可以不必自殺」都需要很長的時間，才能喚醒大家的自覺。但長

期做下來，慢慢就會有成效。

　　7-ELEVEN 統一超商前任總經理徐重仁，當初剛開始替統一集團在台灣開疆闢土的時候，也是很不被了解的。前面六年全部虧本，可是老闆相信他，他也相信自己，認為繼續努力經營下去，估計幾年之後就會很受歡迎。

　　熬過六年孤獨的時間，他非常篤定，堅信 7-ELEVEN 一定會成功，如今大街小巷、三步五步，都是 7-ELEVEN，成為全台灣占有率最高的便利商店，還有很多夫妻去加盟，造就了很多想創業的年輕人。

　　也許，他們之前的工作發展並不是很順利，但願意腳踏實地看顧店面，加盟 7-ELEVEN。學習經營商店，養活一家人，也找到自己人生的出路。

　　無論是提倡「地球環保」「心靈環保」或經營連鎖超商……這些重大議題，表面上看起來，好像是複合式的孤獨，是「思想的孤獨」加上「權勢的孤獨」。

做重大決定時，只要提醒自己：
不是濫用權力，
而且是為了公眾利益，
不是為了一己之私，
即使當下沒能得到理解或支持，
也不會因為害怕孤獨而退縮。

| 13 |

有權力可以一意孤行，
要有所顧慮嗎？

　　我們都常聽說「高處不勝寒」；但是，這種孤獨未必來自身處於比別人更高的位置，而是，因為對「權勢」的不當行使。

　　某些主管、董事長、企業家、政府官員等，決定很多事情時專斷獨行，問題不是出在他的職位或理念，而是他使用權力的方式。過去，在極權的時代，或許高壓可以維持暫時的政權；但是，現在是民主時代，企業組織也講究扁平化，如果還要繼續獨斷，就是孤立自己，連帶著跟自己所處的環境，產生很大的衝突，大家都避免去跟他互動。

> 有權獨斷時，
> 要著眼於大眾的幸福，
> 而不是只想到個人的成就。

　　此外，也要看看他獨斷之後，帶來的是正面的利益、還是負面的影響。很多老闆比員工們想得更新、更快、更遠，有具體的規畫後，獨排眾議，大膽去執行。他看準將來一定會賺錢，再把成果分享給大家。有高見的人，見解很特別，也許是孤獨的；但是，他若帶領一群沒有遠見的人，就必須行使他的特權，這並非壞事。和專斷獨行的暴君相比，其中最大的差異是：成就的動機。

　　究竟他為什麼行使權力，是為了大眾的幸福，還是為了自己的成就？這非常重要。

| 14 |

和同伴一起追求理想，
還需要保留孤獨嗎？

即使有同伴共學，
每個人還是有單獨的功課要做。

　　在完成志業的漫漫長路上，孤獨確實有助於修行，若能找到志同道合的夥伴，在適當的時候互相提攜，或是定期參加團體修行，也是很好的方式，既可以自求精進，又可以相互勉勵。

　　修行，有兩種方式：「自修」和「共修」。前者是指單獨個人的修行；後者則是參加團體群聚的修行。即使找到修行的同伴，每個人自己在生活中也有單獨的功課要做。早晚

打坐、拜佛、誦經，每天持之以恆，這就是個人修行的恆課，必須時時刻刻提醒自己：

修行不可懈怠散漫，言行舉止不可越軌，做事不能傷人害己。

集體的修行方式，佛教和基督教略有不同。

身邊很多的基督教的朋友，每個星期去教堂做禮拜，除了聽牧師講道，還會唱歌、交談，彼此分享一些生活上的心情故事，甚至就舉手自己站起來懺悔。

佛教的團體修行，除了心得分享的時間可以交談，法會的誦經、拜懺、或者打坐禪修都會要求禁語，意思是希望大家在共修的過程當中，依然保持一個自我的察覺。強調修行的時候，是向內心看，向自己看，即使是共修，也是在觀照自己的內心。

共修最大的好處，就是藉由團體的力量，既可以鼓勵自己，也可以約束自己。無論是攝受力、感應力，都會比個人單獨的修行更明顯。每週參加一、兩個小時的修行聚會，或是每隔一、兩個月、一季參加一次禪三、禪七或佛七，每年中會有幾次集體的修行，讓自己的身心有大掃除的機會，內外都可以獲得調理。

| 15 |

同伴不同步，該怎麼改變心態？

用慈悲的心，相互包容，才能共同成長。

人們常因為過度重視心靈的頻率相近，反而很難找到合適的夥伴。

聖嚴法師認為：「頻率完全相同是不可能的，只要志同道合，能夠彼此勉勵就很可喜。」不一定非要找到程度相同、心靈相近的人，只要是方向相同、觀念相同，就可以是同修伴侶。即使同修伴侶中，其中一個程度很差，另一個程度很高，彼此也可以幫忙。

程度差的人，受到指導；程度好的人，為了要帶動程度

較差者，發菩提心，自己更慈悲，同時也成長。

　　想要找到同修的伴侶，不論是學佛、還是做功課，要讓自己的標準稍微放寬一點。現代很多人覺得自己孤獨的原因，是不論對選朋友、找情侶、或修行的伴侶，都要求很嚴格，希望對方一定要具備某些條件，才願意和他做朋友、或共同生活，到頭來自己很累、也很容易失望。

> 佛學最基本的初衷，就是要人懷抱慈悲和智慧。對別人要求過度嚴苛，就是不慈悲，沒有智慧。

　　有些同修的人，自己程度比較好，幫助別人以後，因為期待太高，產生恨鐵不成鋼的情緒，無異於自尋煩惱，這就是沒有智慧。當對方學習緩慢，精進有限，可能是你的善根比較深厚，他的善根比較淺，或是他學佛比較慢，你學佛比較快，還是要盡力幫助他，這就是慈悲。

| 16 |

讓內心不再孤獨的方法？

化「被動的孤獨」
為「主動的孤獨」，
就不會感覺孤獨。

隨著人口高齡化的趨勢，獨居生活的銀髮族可能會愈來愈多。以目前台灣的情況來看，有些兒女仍是靠著父母的財產度日。這些奉獻大半輩子的父母年老之後，卻未必能得到妥善的照顧，有的老人家被送到安養院，生活環境也許還過得去，可是兒女都沒有常常去陪伴，即使有其他同齡朋友為伴，心情上還是很孤獨。

　　聖嚴法師建議年長者不要懷抱著「養兒防老」的觀念，要趁早學會安排自己的生活，最好能培養一些興趣，無論是運動養生、種花蒔草、琴棋書畫……都好，養寵物排遣寂寞，也是不錯的選擇。

　　他還特別提到「終身學習」的觀念，只要熱衷於學習，就不會有孤獨的感受。

積極的作為，
是投入義工的行列，
貢獻自己的價值，
就會因為感受到自己有用，
而活得快樂。
最好還是有個信仰，
才能真正地安頓身心。

　　每回聖嚴法師和我談話時，弟子果本法師都恭謹親切地在一旁協助我們。講到銀髮族投入義工的行列時，她的臉上浮現安慰的笑容。

　　原來，母親因為她出家的因緣，而到法鼓山擔任義工，掃地、撿菜、種菜、洗碗筷、擦窗子、擦玻璃、照顧庭院，在晚年重新找到人生的意義和價值。

　　有位八十多歲的老太太，住在郊區的養老院。她的身體不是很好、眼睛也看不清楚，但是學佛以後，了解到主動服務他人、利益他人的快樂，便自動自發地招呼其他老人，幫行動不便的老人洗衣、鋪床、淨身，當其他病友的看護。雖然，她也是被兒女送到養老院去的，但是她把「被動的孤獨」化為「主動的孤獨」，彷彿是自己找到一個僻靜的地方，用服務別人的方式來修行，反而不再感覺孤獨了。

只要熱衷於學習，

就不會有孤獨的感受。

自在
比自由更重要

CHAPTER 2 ————————————————————

在肩負重大「責任」或「使命」時，
還有可能覺得自由、自在嗎？

與聖嚴法師相約深談「自由；自在」主題的這一天，發生很特別的狀況。

　　受某家企業之邀，參加巡迴全台灣的經銷商會議，替他們上「銷售管理」的訓練課程。當天清晨，我到達高雄。在發現沒有人來接我去上課地點的那一秒鐘，立刻直覺應該是負責聯絡行程的公關公司人員弄錯日期及地點了。果然沒錯，電話聯繫結果，當天的課程應該是在台中，而且現場已經有兩百位經銷商坐在會議廳等待我。

　　負責聯絡的公關公司同仁急得像熱鍋上的螞蟻，我也能想像那位召開經銷商會議的企業老闆此刻勢必十分焦慮。所幸，我們都是成熟而明理的人，知道當下是解決問題的時候，不是劃分責任歸屬、追究誰對誰錯，要趕緊想辦法讓課程可以順利進行，以免兩百位經銷商朋友失望而歸。

　　大家透過電話緊急協商，希望儘速找出彼此都可以配合的解決方案。考慮時間、成本、安全三個因素，我提議立刻搭高鐵趕去台中。客戶同意這個決定，並調整課程的順序，一陣奔波之後，我終於出現在台中的經銷商會議現場，順利完成銷售管理訓練課程。

　　我一邊完成這個任務，一邊調整被打亂的行程。不但要退票、訂票，還要重新規畫從台中趕回台北的交通，並取消

部分的會議。

　　協助我安排對外聯繫的出版社同仁，很擔心突如其來的變化，導致向來規律作息、注重時間安排的我，在無暇喝水、進食，還要匆匆趕路的情況下，身體負荷不消或情緒受到影響。但是，我的內心卻十分平靜而充滿感恩。下午四點整，分秒不差地抵達在拜訪聖嚴法師的地點。

　　內心裡那個容易緊張焦慮的自我，彷彿很自律地待在情緒的房間裡，沒有在緊要關頭出來窮攪和。我沒有囚禁他，他也沒有吵著要出來。如果，當天的行程，是一首快板而必須轉調的歌曲，我在看似十分匆促的節奏中，踩著非常穩定的步伐，跟上每一拍的節奏，居然還能輕鬆自若，是什麼力量支持著我？

　　在這天的訪談裡，我找到了某些答案——原來，自由與自律可以彼此合作，而且互為因果。

　　巧合的是，之前並沒有特別的規畫及準備，純粹是因緣所致，在結束訪談後，果本法師和常寬法師協助我，由聖嚴法師親自見證受禮，完成皈依的儀式，法名「常權」，正式成為三寶弟子。聖嚴法師特別叮嚀說：「權，的意思，是擁有幫助別人的能力。」這是他對我的期勉，也是我對自己的承諾。

| 17 |

自律，能帶來自由嗎？

凡事都對自己要求很嚴格，把自己困住，就無法自由。

　　一直以來，不論個人的品德、還是時間的安排、處世的原則，我都堅信遵守規範及規律的重要性，卻在聖嚴法師一句：「自己綑綁自己、困住自己，是愚癡的事。」得到當頭棒喝的體悟。

　　現代人覺得不自由、不自在的原因有很多，有些是沒時間、有些是缺金錢。想做的事，做不來；想去的地方，到不了。即使是律己甚嚴的人，可能都曾經跟我一樣，為了別人

的期望太高、或對自己的要求太多、擔心自己做得不夠好，而感覺不自由、不自在。

聖嚴法師指出，自由自在的境界，來自於兩種修行的功夫。**一種是放下自己的煩惱，另一種是放下自我的要求。**

煩惱很多的人，無論什麼事都想太多，把自己困起來，無視於外界的開闊，自己畫地為牢。例如：要求自己在什麼時候就一定要達成什麼目標，在什麼狀況就必須要完成什麼任務，這是畫地自限。

聖嚴法師說年輕時也經歷過這個階段，凡事對自己要求得很嚴格，把自己困住，就不夠自由。後來在修行中體驗到一個道理：為積極實踐目標而分分秒秒把自己綑綁，是愚癡的事。

多年前，那個綑綁自己的聖嚴法師，早已經被自己釋放，消失在歲月的長廊；而我的心裡，卻還是住著一個被囚禁的自己。他，那麼謹慎，那麼乖巧，卻那麼不自由。我看著心裡那個被過度紀律困住的自己，好想把他釋放出來。

原來，嚴謹的自律固然是一種值得肯定的特質；但隨順因緣的變化，則是盡人事之後必須柔軟與謙卑。凡事未必要以最高標準自我要求，剛剛好就好的期許，會是更有智慧的態度。

| 18 |

對每件事都過度要求，
心很累該怎麼辦？

　　在向前進展的過程中，會發生什麼事，沒人能夠預料。大環境會變化，自己的身體狀況會變化，生活的條件會變化，可以運用的資源也會變化……這些都是沒辦法在事先精算的事。在很多時候，自己認為一定可以到手的，不一定會到手；反而是沒有想到的，機緣到了時候，它就會出現。

　　過度要求自己，執著於太瑣碎的細節，就像預先設定一些陷阱，讓自己掉下泥沼，很可憐、也很可惜。

　　若要學會放輕鬆點，不能太要求自己在特定的時間之內，或什麼範圍之內，必須完成太大的目標、或超過自己能力範圍的工作。

目標要確定，但是只要盡力去做、盡心而為就好，不要用細節綑綁自己，必須留著彈性調整的空間。

　　萬一碰到意外的狀況，要能寬容以待，並隨之應變，讓自己的心態、自己的時間、自己的工作，乃至於所有的狀況，都感覺是自由的。

　　聖嚴法師曾開示：「自己綑綁自己、困住自己，是愚癡的事。」使得我內心那個疲憊而不安的自己，如沐春風般地獲得撫慰。聖嚴法師所描述的自由，來自他多年修行的功力，紮實的基礎奠定十分穩定的自信。相對之下，當時的我常因為自信不夠，而對自己苦苦相逼。

　　如果一直很害怕，不夠努力，沒有逼緊自己，眼前的一切就會毀掉，勢必增加許多不必要的壓力。所以，真的是要有足夠的自信程度，才能適時放鬆。

| 19 |

沒有被約束、想做什麼就做什麼，就是自由嗎？

> 沒有目標、沒有規範，並不是自由，而是一種浪蕩不羈的行為，是「放逸」，而不是「自由」。

踏入社會工作，我一直都在科技公司服務，經歷十幾年的上班族生涯之後，之所以會有機會跨行成為業餘作者，是因為曾經有個偶然的機會，幫老闆代筆寫專欄。多年之後，報社開闢新的副刊版面，編輯原本請當時非常有名的大牌作家寫專欄，可是那位大牌作家一直拖稿沒有交，編輯找上我

試寫兩篇稿子，以便大牌作家拖稿時可以備用。

　　我怕自己寫不好，寫了十篇給他，結果這十篇都被採用。而大牌作家始終沒有交稿，編輯就採用我的稿件。所以，我常常跟讀者開玩笑說：「其實若權不是文章寫得好，而是交稿很準時，作品才有機會被刊登在報上。」

　　聖嚴法師分享他在報上寫專欄的經驗，報社的編輯會按期提醒他交稿，他接到對方的提醒之後開始寫，幾分鐘的時間就完成，平常不用太過於慌張。偶爾太匆促，真的來不及趕稿的時候，就跟對方道歉，缺稿一次。如果他下次還會邀稿，表示這個專欄寫得好。倘若情非得已缺稿一次，對方不能體諒，那也不必再勉強合作。

　　在一個既定的方向上盡力而為，但不要太勉強自己，否則就不自由了。對自己能力的認定，也很重要，這就是自信。對自己要求太高、太苛，其實反映出來的就是自信不夠。對我來說，如果對自己的才華和能力，有足夠的自信，就不會把自己逼得那麼緊，幾乎連時間的自由都失去。

　　心靈上的自我禁錮，常來自情緒的緊張，而非能力的不足。我常以為這個總給自己壓力、愛擔心的個性，是來自媽媽的家族遺傳。媽媽的娘家，包括我的幾個阿姨，都是緊張大師。針對像我這種家族遺傳的緊張，聖嚴法師建議，孕婦

心靈上的自我禁錮，
常來自情緒的緊張，
而非能力的不足。

要常唸「南無觀世音菩薩」，或是練習打坐，自己才不會緊張，而且也能透過胎教給孩子平靜的心。

如果已經長大成人，只能透過修行，練習把身體放鬆，把心放下。最基本的入門，就是從打坐開始。每天半個小時，或一個小時，對紓解壓力，放鬆心情，有很大的幫助。

以上所說的「追求自由，要放輕鬆！」的建議，是提供給已經具備生活目標的人。假如一個人總是活得混混沌沌，不知道自己要做什麼，目標不明確，做事情沒計畫，就不適合再讓自己活得太過於鬆散。

聖嚴法師認為，散漫沒有目標，隨便而隨興過日子，漫無章法，不叫「自由」，而叫「放逸」，意思就是好吃懶做，不想付出努力。這樣的人，總要為自己未來的前途負責。他還是學生的時候，頂多就是分數少一點，考試的名次往後挪一些；但是，出了社會以後，這種不負責任的習慣，不論是找工作、還是自己創業、結婚之後支撐家庭，都會有困難。

若要停止散漫，從躺平中站起來，建議是要從設定一個目標開始。

| 20 |

當個人自由與外界期待相扞格，
該如何取捨？

　　我看過責任感很重的人，因為承擔太多來自他人的期許，產生許多不必要的壓力，而感到不自由。

　　聖嚴法師曾引領法鼓山做了很多公益的事，幾乎每個人都對他有很高的期許。每當政治混亂、經濟蕭條、教育政策搖擺、甚至家庭發生暴力時，都會希望聖嚴法師能夠站出來說幾句話。我很好奇這些期待，會不會讓聖嚴法師覺得不自由呢？

　　以「行銷」為比喻，聖嚴法師謙虛地說自己只能開「專賣店」，提供自己有把握、而且專精的服務，不能像「百貨公司」樣樣都賣。即使今天是總統來訪，聖嚴法師也只能講佛法，沒辦法越俎代庖去談政治、經濟、教育。

　　「貓捉老鼠是對的；狗捉老鼠是錯的。」聖嚴法師再度用

很妙的比喻，提示「專業」的重要性，同時也點出「篩選」
「聚焦」的必要性。

> 選擇適合自己的方向，集中心力
> 去完成，不要為迎合別人的期待，
> 扭曲了自己。

　　懂得禮貌地拒絕，向別人說「不」，也是一種必須學習
的方式，才能保住自由。否則，為了迎合別人的期待，常會
被牽著鼻子走，就會失去原本該有的自由。

　　認識自己能力的底線和極限，不偷懶、也不超過，就是
給自己保留自由的空間，而不要被外面的要求或期待困住。
否則，承諾了別人以後，弄得焦頭爛額，最後可能沒有幫到
人家的忙，自己反而陷在不自由的痛苦之中。

　　拿捏分寸很重要。訂定比實際需要再高出五％的目標，
是為激勵自己；但是，如果訂定比實際需要再高出十％的目

標，就可能是過度逼迫自己、甚至是虐待自己。

聖嚴法師建議：「要從經驗之中，衡量自己的能力。」如果，訂定比實際需要再高出五％的目標，結果達到了，表示我們在追求目標的過程中，有所成長；萬一沒有達到目標，表示自己的能力還不夠，要給自己多點時間，成長是要慢慢來的，不能期待自己一步登天。

當我提到常勉強自己追求比較高的目標時，聖嚴法師不忍心批評我「不自量力」，反而很疼惜地說：「追求目標，多少會勉強自己一些，這是正常的，不勉強自己，就不會有進步。你沒弄到焦頭爛額，表示你還正在成長中，你的能力還在進步。」

這句話，曾經是一個長輩對晚輩的勉勵；而今，成為我常常用來當作對自我的疼惜。

| 21 |

內心的自由，是從哪裡來的？

　　自由，之所以可貴，在於自我的選擇，在「要做」或「不做」之間，憑自由意識做出抉擇，做該做的，不該做的就不做。不逃避該盡的責任；也不貪求超過自己能力範圍以外的承擔。

　　但，如何在責任感與使命感能夠兼顧的狀況下，依然能夠擁有內心的自由？聖嚴法師一針見血地指出：「只要是出於自願的選擇，就是自由；如果不是自願的選擇，就不是自由。」對於責任的承擔，是一種選擇，而不能說是「犧牲」。選擇承擔責任，不是被迫去做，這就叫做「自由」。

　　人生每件事，都是取捨的練習。

自由是：所做的一切，都是出於本身自願的選擇。

現代人煩惱不自由，很多狀況是因為不夠尊重自己的選擇，也不願對自己的選擇負責。

結婚，是要對配偶盡到責任，夫妻就不能各自在外面發展另一段男女之情。願意節制自己在交友上的念頭，以保障雙方婚姻的品質，才能真正擁有內心的自由，否則夫妻相處不睦，每天爭吵，永無寧日，怎麼會有自由？

有人結婚以後，生了孩子，生活變得很辛苦，就會開始抱怨為什麼要養兒育女。如果真的不想要有孩子，就要積極避孕，一旦懷孕就要接受這個生命，承擔為人父母的責任，感受另一種美好，這就是自由。

| 22 |

追求內心慾望的滿足，
會導致不自由嗎？

　　剛創業的年輕企業家正在為事業打拚，這時要追求感
情，還是要專心經營事業？「美人」和「江山」之間，必須
做出選擇，至少有個優先順序。如果放任企業不管，沉溺在
私人的感情生活裡，或是野心太大，花太多心力去做「轉投
資」的生意，都會對公司產生巨大影響，傷害整體的客戶、
員工和股東。這不叫自由，而是不負責任。

　　現代人的心裡，總喜歡在明明對立的物質上，追求「魚
與熊掌」兼得，不肯做出選擇。如果心中想要的兩項東西，
本身是矛盾的，又不肯做出明確的選擇，就不會感覺自由。
只要心裡矛盾；就不會自由。

　　自由在某種層面來說，就是佛法裡提到的「解脫」。
一般人能練習到「對自己的選擇負責」，做自己想要做、能

做、該做的事，不去做自己不想做、不能做、不該做的，這就是最基本層次的「解脫」，不受逼迫、不被誘惑。人人都會遇到誘惑，而且一不小心就被誘惑困住。誘惑，是不自由的事。如果，能夠擺脫誘惑，就是自由。

　　不能夠擺脫誘惑的根源，還是在於沒有自知之明。面前擺了價值一億的財產，你要不要？本能的反應是：人人都想要！沒錯，但是有自知之明的人會問：「我要拿這筆錢來做什麼？」「這是不是一筆意外的橫財？」「我這樣不勞而獲，能夠不付出代價嗎？」

　　天下沒有白吃的午餐，不論是天外飛來的金錢、美色、或者是官位，這些都是誘惑。如果不清除掉，最後不是害你傾家蕩產，就是身敗名裂。

有自知之明的人，能夠擺脫這些誘惑，心就自由了。反之，被誘惑所困擾，心就不自由。

| 23 |

常有「被困住」的感受，
該怎麼擺脫？

放下「自我為中心」的念頭，
就不會擔心，不用掙扎，
也沒有恐懼。

　　真正的自由，有兩個層次的解脫。最基本的層次是：「自知之明的解脫」。達到這個基本的層次之後，要再更上一層樓，晉升到「心的解脫」。

　　所謂「心的解脫」，就是放下「自我為中心」的念頭，也就是《金剛經》所說的「應無所住，而生其心。」我們做每一件事情，雖然都有在用心，心在活動，也在發生功能，

可是當心的作用，不再執著於自我，沒有了「這是我要」「那是我不要」的分別，而全然都是為了眾生，這時候主觀的「自我」已經不存在了，只有客觀的眾生才是存在的。

換句話說，到第二個層次「心的解脫」時，生、死、富、貴、貧、賤，都是一樣的。當心都解脫了，無所畏懼生死的問題，生死就不會再困擾自己。即使遇到緊要關頭，非得死亡不可，就順其自然吧，不會擔心，不用掙扎，沒有恐懼，因為心是自由的。這就是擺脫自我中心，真正的解脫。

《增壹阿含經》提到：「有梵志四人集在一處。欲得免死。各歸所奔。故不免死。一人在空。一人入海水。一人入山腹中。一人入地。皆共同死。」四位修行人，發現身體漸漸地衰老，十分害怕死亡，試著用不同的方法，希望不死長生。結果不論跑到天邊、潛入海中、躲到山裡、藏在地底，還是無計可施，不免一死。釋迦牟尼佛於是說：「你有身體，就是會死亡！面對死亡，不要怕死亡，你就自由了！」眾人一聽，希望能夠解脫於生、老、病、死、愁、憂、苦、惱，開始學習放下對身體的執著，歡喜奉行。

唐朝有位禪師，修行不得法。他問師父：「我的心，滯塞了，怎麼辦？」師父反問：「誰把你困住啦？」他想來想去，沒有人困住他，是自己封閉了自己，突然間就開悟了。

| 24 |

什麼才是真正的自由？

　　有些學生，或上班族，沒有正確的認知，總以為學校的規定、公司的規定，會讓自己不自由。要按時出席、不能隨便上網聊天、還要接受考核……有趣的是，學生畢業之後，都會懷念在學日子，認為那是人生一段很值得珍惜的時光，甚至後悔當初沒有好好學習。上班族在失業之後，才會知道有工作的日子，是多麼幸福，期許只要有機會再去上班，一定要全力以赴，不再「做一行；怨一行」。

　　其實，有所規範，並非不好的事。群體生活裡，共同規範反而是保障自由的前提。只要我們認識這些規範，在遵守規範中，選擇自己所要的生活方式，就能夠擁有自由。

在遵守規範中，選擇自己所要的生活方式，就能夠擁有自由。

　　聖嚴法師再三強調：「自由，一定是有所規範；在規範內的自由，才有意義；不在規範之內，就是不自由。世界上，不管是人類或動物，都有群體的規範，違背這些規範，就會更不自由。」

　　如果貪求眼前沒有規範的自由，將來必然會得到更不自由的境遇。學生被退學、上班族被解職，將來生活困頓、或犯法去坐牢，才是真正的失去自由。

　　自由的定義，並非不受規範，而是在規範中，有自己清楚的目標，能夠以自己的意識，選擇自己想要做的事、想要過的生活。

| 25 |

自由自在真正的意義是什麼？

　　以佛法來講，佛，就是大自在王。觀世音菩薩，叫做觀自在。這個自在，就是「於法的自在」。

　　從佛的觀點來看，世界上任何事，任何東西，正面、反面都是佛法。即使是魔鬼的法，也算是佛法。因為，以釋迦牟尼佛的智慧，運用魔鬼的法，還是可以救人，就變成佛法。刀子，可以殺人，但是若把刀子交給慈悲的、智慧的醫生，拿去替病人開刀，這就是救人。

　　於法自在。用正法的角度，也就是正向的思考，世間的一切法都是佛法。觀自在菩薩的「觀」，就是觀世界一切的眾生，無處聽不到，無處看不到。隨時隨地有人唸「觀世音菩薩」，觀世音菩薩都能夠和他相應，這種為了拯救眾生而完全沒有阻礙的能力，叫做「自在」。

　　觀世音菩薩並不會去區分對象，也不會要求條件，不論好人、或是壞人，無論慷慨捐助的慈善家、或作奸犯科的

大壞蛋，在觀世音菩薩眼裡，眾生都是未來的佛。即使是殺
人放火、十惡不赦的罪犯，觀世音菩薩都是以平等的慈悲對
待，認為他們會放下屠刀，立地成佛。

　　自由，是從煩惱解脫，從自我中心解放，就不再有束縛；
自在，是更積極的動能，是為了救人救世，沒有任何狀況能
夠阻擾、妨礙，也沒有特別需要具備的條件，隨時隨地都能
靈活地應現，這就是「自在」。自在比自由更積極、更有能
量、更有行動力。

　　我向聖嚴法師提問：「『自由自在』，跟孔子說的『從
心所欲不踰矩』有什麼差別？」

　　聖嚴法師以十分慈悲的角度回答：「『從心所欲不踰
矩』是主觀的，自己想要做什麼就做什麼。但佛法的『自由
自在』卻是放下自我，一切都只為眾生，因應眾生的需求而
努力。」

自由自在是放下自我，
一切都為了眾生，
因應眾生的需求而努力。

| 26 |
覺悟是什麼，
我也可以達到這個境界嗎？

　　聖嚴法師認為：「覺悟，可能是漸悟或頓悟，這是因人而異的。」有的人是漸修漸悟、有的人是漸修頓悟、有的人是頓修就悟、有的人不修而悟。或許，大家都希望不修而悟，不用花時間心力去修行，而能夠得到開悟及解脫，但能夠有這樣機緣的人，畢竟是太稀有。頓修頓悟，也非常不容易，一般人還是漸修漸悟比較多，其實這樣就已經很難得。

　　聖嚴法師在軍旅生涯中，曾經有過一次很特別的機緣。他在休假期間掛單於高雄的佛教講堂，與靈源老和尚同單而眠。他看到靈源老和尚徹夜打坐不眠，於是提出很多與修行有關的問題，向靈源老和尚請教。

　　靈源老和尚耐心地傾聽，鼓勵他繼續提問，直到一個段落之後，靈源老和尚突然很用力地拍擊床板，口中發出很大

的聲音：「放下！」頓時，原本他腦海裡的疑團都煙消雲散了，心思就像蠶蛹咬破了繭，化蝶而出。

　　但是，謙虛的聖嚴法師，還是沒有直接認定那是個頓悟的經驗，反而以平淡的語氣說：「那只是放下自我為中心的想法而已！」

覺悟，是必須有根基的。
不僅需要前世累積的善根，
也要靠後天努力修行。

　　因此，不要貪圖短暫修行就能開悟。即使，修了幾十年效果不彰，好像還沒解脫，這也是正常的事。

　　有些居士跟著聖嚴法師學習幾十年，雖然覺得自己尚未開悟解脫，但至少在自己的人格成長、情緒管理，以及人際互動關係上都有所精進，感覺生活比從前快樂，這就是自我精進所帶來的解脫，在觀念上或心靈上得到部分的自由。

| 27 |

如果沒辦法開悟解脫、得到自由，修行還有什麼用？

「修行，可以簡單到像刷牙、漱口、洗臉。」聖嚴法師對很多深奧的道理，經常都能夠用很淺顯的故事解說，這又是一個很生活化的提醒。

意思是說，動作很簡單，也習以為常，但是如果一天不做，就會倒退，彷彿你幾天都沒做的樣子。

每天固定保持用功的習慣，持之以恆，這就是漸修的好處，看起來好像沒有什麼太大的改變，但其實都默默地在向前進步中。

至於，有沒有「頓修就悟」的人呢？在佛教的歷史上很少，釋迦牟尼佛當時弟子有幾萬人，證得阿羅漢果的，只有兩千多人。但是，即使修行沒有達到開悟的境界，並非就沒有用，還是可以影響很多人。

出生於唐代的神秀禪師，他究竟開悟了沒有？有的人說他沒有開悟，但是他的影響力是非常大的。

武則天曾經仰慕他的盛名，而遣使迎往宮中說法，並敕建度門寺，以表彰他的功德。他所作的偈語「身是菩提樹，心如明鏡台，時時勤拂拭，勿使惹塵埃」，到現在還有人經常提及。

當時，因為北方有神秀主張「漸悟」；南方有惠能主張「頓悟」，所以有「南頓北漸」的說法，也有「南能北秀」的稱號。不過，六祖大師還是對大眾開示，法本來就只有一種，沒有分兩種，也就是不二法門。法本來也沒有頓漸之分，只不過人的見解有快、有頓、有遲、有疾。有的人聰明、有的人愚癡，有利根、有鈍根之分，所以頓漸是因人而異的。

每天固定保持習慣，看起來好像沒有什麼太大的改變，其實都默默地在向前進步中。

| 28 |

要多久才能得到真正解脫？

修行，可以讓自己心安，也能為他人祈福，並從煩惱中解脫。

佛法的功能，就是幫助人從煩惱中解脫。只不過解脫的層次，有高有低。大解脫，是指解脫生死的恐懼，比較不容易。但是，在生活之中還需要很多層次不是太高的小解脫，例如，缺乏安全感，常為小事而焦躁煩惱，這些都必須有佛法的基本修行，才能化解的功課。

生命的過程中，需要三個步驟才能真正得到解脫。包括：對佛法的信心、佛法的指導，以及實踐佛法。有些人只

是暫時的解脫；有些人是得到永遠的解脫。

　　有時候，佛法裡的一句話，就能讓人從痛苦中解脫。

　　有位在美國獨居的老太太，因為女兒突然過世很傷心，打電話來請聖嚴法師開示。她的女兒是個醫生，單身沒有結婚，母女兩人相依為命。平常老太太上街，需要拿枴杖，女兒都會攙扶著她。幾天前，因為老太太跌了一跤，腳踝受傷，為方便女兒攙扶，她刻意換左手拿枴杖，結果對面來了一輛車，把女兒撞死。老太太很自責、很痛苦，整天以淚洗面，悔不當初。

　　聖嚴法師安慰她說：「人的生命來去，有一定的原因。喪失親人，哀傷是正常的，但是過度自責，不斷哭泣，沒有任何幫助，事情已經發生了，要保重自己。」他請老太太念阿彌陀佛，一方面自己求安心，一方面為女兒祈福。老太太聽了以後就不哭了，情緒穩定下來，得到暫時的解脫。

　　佛法，給人的利益就是解脫。有些人修行沒有幾天，就感覺到自己心裡放下很多東西；也有些人修行幾十年，始終沒有明顯感覺到減少什麼煩惱，但是，至少自己知道要修行，解脫只是程度大小或時間早晚的問題。

| 29 |

身體被外在條件侷限，
也能感受到自由自在嗎？

> 為眾生帶來利益的能力，並不會
> 因為行動受限，就無法發揮。

聖嚴法師曾經閉關六年，這是出於他自願的選擇，所以是自由。如果不懂得「自由自在」的意義，可能覺得他簡直是「自囚」，學會體驗「自由自在」真諦的人，就會知道，「閉關」能獲得心靈上更大的自由。在關房裡面，只是身體受到約束，不能到處走動，但是，心沒有受影響，精神的視野甚至更加寬闊。

至於，待在關房裡，是否還能擁有「自在」的行動力

呢？聖嚴法師以過來人的經驗，證明在關房裡面所能做利益眾生的事情，絕不會少於在關房外面所能做的。

他巧妙的比喻，令人印象深刻。

他說：「**閉關，就像婚姻。還沒有閉關之前，有單身的規範；閉關之後，有結婚的責任。自己對這兩種形式要付出的承諾不同，但都有各自的功課要做。**」

閉關，是修行的方式之一。進了關房，就要用閉關的方式來利益眾生。閉關期間，聖嚴法師在關房裡面，文思泉湧，寫作的時間不長，但速度很快，完成很多本著作，影響非常深遠。

利益眾生積極的作為，不會因為行動或空間上的限制而無法發揮，這就是「自由自在」的另一個境界。

身體侷限在小小的關房，卻能夠給世人大大的關心，這是何等的慈悲啊。

自由自在，到這個層次，就能體認：要發揮利益眾生的影響力，不在乎舞台的大小，而是要讓別人得到利益的心有多麼強烈。

| 30 |

該從生活的哪些層面落實修身，並持續精進？

在家修行，最重要、最基本的紀律，是善盡對家庭的本分，而不是妄想自己彷彿已經是出家人，一心想要了卻紅塵，不問俗事，反而忽略對家庭應盡的責任。

有位朋友自從開始信佛之後，每天把自己關在佛堂念經，不陪小孩做功課，也不跟太太聊天，這樣的修行方式就很偏差。印光大師在閉關期間寫信給家人，勉勵他們要「敦倫盡分」，不能因為學佛而忽略對社會、對家庭應盡的責任，否則學佛就失敗了。

「敦倫盡分」的「敦」，是親善、厚實的意思；「倫」，則是「倫理」，指人與人之間的關係。最基本的是，家庭倫理；推而廣之，是在社會中與人交往。無論是鄰居、同學、同事、同一社團的成員、同一旅行團的團員，只要是人際關

係的一環，甚至人和自然之間的互動，都是存在倫理。

　　中國人講「五倫」，包括：君臣、父子、夫婦、兄弟、朋友的關係，而這些關係都是從「夫婦」開始的，夫婦相處好，家庭關係和諧，是做人很重要的基礎，也是學佛必備的開始。

　　學佛不是一天到晚敲木魚、打坐。固然木魚要敲，還要按時打坐。但是，家庭的倫理，日常的人際關係，人和自然環境的互動，都要兼顧。

修行並非斷絕所有俗事，
而是存於與人互動之間。

| 31 |

精進的動力消退，
該怎麼繼續保持熱情？

聖嚴法師說：「自我精進要能持之以恆，最好的方式就是回到初發心。」時時刻刻記得當初發願要精進自己的心念，然後常常練習，不論在什麼地方、碰到什麼狀況，都繼續做該做的功課。

隨身帶一串念珠，忙著工作、休假沒事時，都可以誦經、持咒、打坐，幫助自己隨時隨地都能夠回到初發心。

永遠記得當初發願要精進的動機，不被眼前小小的挫折或阻礙所影響。

擔任企管顧問時，我常碰到喜歡抱怨的員工，在公司待

永遠記得當初發心的意念，就能保持熱情，堅定自己的信念。

了半年、幾個月，就失去自我激勵的力量，甚至變得有點老油條。

這時候我都會勸告這些同仁，試著回想當初來公司應徵的那一天，衣服穿得很整齊，話說得很有禮貌，表明自己好希望得到這份工作，一切都願意遵守公司的規定，薪水多少沒關係，都由老闆決定……認真想想當天的心情，也許對於現在眼前工作的抱怨不會那麼多。

回顧當初發心的意念，有助於自己在進步的路上，再重新看待當初簡單的動機，就能夠找回單純而堅定的自己。

| 32 |

凡事都要遵守紀律，
難道不覺得不自由嗎？

願意承擔責任，
主動選擇吃苦，
就是很寶貴的幸福。

　　像聖嚴法師這樣嚴格遵守紀律，在很多年輕一輩的朋友眼中，可能會覺得他的生活應該過得苦吧，但聖嚴法師卻不這麼認為，他再三重申：「自由，是自己的選擇！既然在自己選擇的範圍之內，我就是自由的，既然是自由的，就不會覺得苦。」

　　自己主動選擇吃苦，就是很寶貴的幸福。而這種能夠吃苦的幸福，只有願意承擔責任的人，才有機會獲得。

　　近年來，大自然反撲，天災頻傳，大家開始重視環保，但環保最基本、最簡單的要領，是從遵守生活的儉樸原則開始，不但要自己有認知，願意主動配合，還要加上自己對整個世界的社會責任，用這種想法做環保，就不會苦，會覺得幸福。反之，如果是自己不想做，而是被強迫才去做，就會覺得好像犧牲很多原本該有的享受，心裡會很苦。其實，**物質上的匱乏，並不等於苦；精神上的、心理上的不滿足，那才是真正的苦。**

| 33 |
身為微小的個人，
如何面對全球的動盪不安？

在宗教、種族、政黨之間，常會因為爭奪利益而假冒「自由自在」之名，行權力鬥爭之實。這些都是以自我為中心，才會產生利益衝突，但是一般民眾沒有辦法真正理解這些核心利益的糾葛，反而被政客操弄，公說公有理，婆說婆有理，因而捲入對立的衝突，失去自由自在的簡單與快樂，甚至還鬧到與朋友、家人之間失去和諧。

究竟孰是孰非？這要從歷史的眼光去看，當時空都過去以後，回來看這個時代發生什麼事，才能夠比較客觀。當下所能做的，只有彼此尊重、彼此包容。

聖嚴法師投注許多心力，以「心靈環保」為出發點，設法減緩第三世界的衝突。

他親自去和存在矛盾與衝突的國家、民族、宗教等團體

溝通，提倡「一個地球共同的倫理觀念」，希望大家放下自我中心，不僅僅是為自己的族群，還要為地球全人類去思考。

尤其，最近這幾年來，俄烏戰爭掀起全球劇變，影響各國的經濟與民生，更讓我們體認到：化解衝突，並不是為了某個族群，而是創造全人類的福祉。

當我們都屬於「地球人」，就不會再去區分是哪一個國籍或種族。當大家都建立起全世界共同的倫理標準，每個族群都能超脫自我意識，放下煩惱，利益別人，從自己這個個體的自由自在，到群體的自由自在，再到幫助不同民族、不同國家的人都能夠自由自在、利益彼此，到了這個境界，自然就能實現世界和平的理想。

超脫自我意識，從個體延伸到群體，才會有和諧的可能。

無我
才是真正的
自我

CHAPTER 3 ————————

我是誰，我要往哪裡去？

當「傾聽自己心聲」和「接受別人忠告」

之間有落差時，

如何找到智慧的力量？

找到自己之後，如何放下自己？

從「自我」到「無我」，該如何轉化？

我，究竟是什麼呢？

西方的心理學講「我」，比較常被引述的是佛洛伊德的理論，他認為人格是一個整體，包括：「本我」「自我」「超我」三個部分，彼此交互影響，在不同時間內對個體產生不同作用。

本我（id）：是指人類的基本需求，例如：飢、渴、性等需求產生時，會要求立即的滿足。嬰兒飢餓時，就要求立刻餵奶，不會考慮母親當時是否方便。

自我（ego）：是指由本我而來的各種需求，如果不能在現實中立即獲得滿足時，必須遷就現實，並且學習調整。

超我（superego）：是指接受社會文化道德規範的教養，而逐漸形成遵循道德與良知的我。

另一個理論叫「周哈里窗戶」（Johari Window），將「我」分為四個象限，包括：「自己知道、別人也知道」的我，稱為「開放我」；「自己知道、別人不知道」的我（譬如，刻意想隱藏的秘密，或其他隱私），稱為「隱藏我」；「自己不知道、別人知道」的我（譬如，我有一點駝背，自己看不見，別人看得很清楚），稱為「盲目我」；以及「自己

不知道、別人也不知道」的我（譬如，還沒開發的潛能），稱為「未知我」。

聖嚴法師講授《金剛經》裡的「自我觀」時，曾經歸納三種不同層次的我，包括：「自私的我──小我」「博愛的我──大我」「實相的自我──以無我為我」。

《金剛經》講到最後，提昇自我的最高境界，是「離一切相」，就是離開「我相、人相、眾生相、壽者相」，超脫了「周哈里窗戶」所指稱的四個面向，空間的我和時間的我，都消失了，到達「無我」的狀態。

從前看書時，還不是讀得很通透，覺得佛經裡的「無我」，講到這個「虛妄」的我，好像自己隨時會飄忽不見，後來我慢慢地體會，其實那個「虛妄」的我，是指暫時的、臨時的、會變化的。也就是說，你現在是這樣，可是會一直變化，除了「不要執著於某一個形式」的意義之外，從比較正面的角度來看，還有另一個意義，代表了人的無可限量、與生命發展的無限可能。

| 34 |

人的這一生，究竟所為何來？

當一個人真的是發自內心地對某件事情有很濃厚的興趣，繼而產生大志向，這就是他遇到挫折之後，不會退轉的一個很重要的原因。

聖嚴法師在「沉潛自己，等待時機」這段人生經驗裡，看到自己的責任感，也包括對理想的使命感。這是形成自我很重要的一部分，如果認知自我之後，沒有承擔責任的能力、缺乏完成使命的動力，這樣的自我既不夠完整，也無法持續發展。

至於，如何看待人生的使命？聖嚴法師謙遜地說：「我只是覺得佛法真的很好，若沒有人弘揚佛法，是件非常可惜

承擔責任，肩負使命，
並非好大喜功，而是要分享夢想。

的事。因為我已經在佛法中得到了利益，沒有去與人家分享的話，我會覺得很對不起自己，我倒沒有想到對不起別人，而是對不起自己！」

　　由釋迦牟尼佛傳下的佛法，至今已經超過兩千五百年了，它絕對不會只是短暫的流行，而是一種心靈的時尚，也難怪很多人為此著迷。

　　猶如創業超過一百五十年的路易威登（LV），原本是一家專業的包裝木箱製造者。以百年樹齡的白楊木和防水材料，堅持手工製作成的旅行箱，不論經過多少時間的歷練，依然走在時代的尖端，永遠是時尚的代名詞。

| 35 |

崇拜偶像，會讓自己更好？

　　在自我成長的路上，追求夢想的實現，是一股驅策的力量，能夠不畏挫折失敗，繼續勇往直前，必須時時自我激勵。這個過程中，如果有個典範、有位導師，讓自己在心中產生「我也可以像他那樣」的動機，提供可以遵循的成功模式、或具有鼓舞作用的精神象徵，會有很多正面的影響力。

　　我請問聖嚴法師：「年輕的時候，有崇拜的偶像嗎？」他的回答很莊嚴，我聽來覺得真摯動人。他說：「我最崇拜的是玄奘！」原因是研讀佛經的時候，都會看到翻譯者玄奘的名字，老師講授佛經，也會特別提到玄奘這個人，並且介紹他出家到印度取經的過程。玄奘旅居印度十七年，原本有機會在當地發展，甚至成為事業成功的華僑僧侶，但是他卻堅持要完成到印度蒐集經典的任務，然後回到中國貢獻，這種精神很值得崇拜。

　　當心中有所典範，不但能激勵自己，要向這些成功的人看齊，也會因此而產生更謙卑的態度，不會因為自己稍有成績就志得意滿。

　　由此可見，崇拜偶像，並非空泛而無意義的舉動，要看你所崇拜的是誰？你從他身上學到什麼？找到生命的導師，效法成功的典範，能夠讓自我的發展更加完整，也比較容易到達心中所追求的目標。

尋找典範或導師，
讓自己在心中產生
「我也可以像他那樣」的動力。

| 36 |
如何肯定自我的價值？

　　從事行銷顧問工作多年，「貢獻最高價值，追求顧客滿意」是被各界遵奉而且認可的原則。然而，以佛家修行的層次來說，還有更高層次的定義，根本不需肯定自我的價值，因為自我是不存在的。乍聽這樣的說法，的確很玄妙。聖嚴法師用淺顯易懂的比喻，一點就通。

　　他曾經拿一個貝的化石給某位董事長看，問對方：「這是什麼東西？」

　　董事長回答：「這是貝殼。」

　　他說：「它不是貝殼，而是貝的肉啊！這不是殼、而是肉的化石。」

　　貝肉，本來是有生命的，而經過千萬年之後，變成一塊石頭。通常，當有生命的時候，貝才有價值，而貝肉的化石，已經不能吃了，它還有沒有價值呢？就要依人而定了。

　　有的人把它當成裝飾品，是有價值的。從這個層次來看，因為這顆貝肉長得很漂亮，它的化石就是將它活著時的生命價值一直保留下來，才有人會願意把它當成裝飾品來看。那麼，人的價值，究竟是什麼？

人的價值，其實就是
對別人精神領域的影響力、
對別人需求的滿足程度。
根本不需肯定自我的價值，
因為自我是不存在的。

漂亮的貝肉，變成化石，得到別人的欣賞，滿足美感的需求。我們應該留下來的，是一些精神的文明、精神的資產，讓整個社會、和後代子孫，也能夠享有。至於是否留下自己的名字，並沒有關係，就像那個貝肉一樣，它沒有名字，但是留下了美感和歷史，可以長期供人欣賞。

從古至今，有的人把「財產」當成「我」、有的人把「權位」當成「我」、有的人把「名譽」當成「我」、有的人把「事業」當成「我」，但是在佛法的世界裡，「我」本來就不存在，將來也不存在，毋須執著。

超脫自我，達到「無我」的境界，既能「不自利」，同時能「利他」，也能不在乎別人的批評，就很自在。如果，太在乎別人的評價，就會患得患失。只要能做到凡事為別人想，就不會患得患失，超脫到「無我」的層次。

《金剛經》有段經文說：「須菩提，又念過去，於五百世作忍辱仙人，於爾所世，無我相、無人相、無眾生相、無壽者相。是故須菩提，菩薩應離一切相，發阿耨多羅三藐三菩提心。」

我相，是指自己對我的概念。人相，是指看見別人和自己的差別。眾生相，是從我相和人相發展出來，對所有眾生的觀感，甚至有差別待遇。壽者相，是指時間裡的自我生

死概念。四相本身其實就只是一個相而已。我相、人相、眾生相是空間的關係，壽者相是時間關係。當時間和空間都消失，就沒有什麼好牽掛，也沒有什麼值得計較。這個層次的自我，是最值得追求的。

以「無我」為我，
這才是自我的最高境界。

| 37 |

光憑自己的努力，
就能讓世界變得更好嗎？

用自身的力量，去影響別人，
被你影響的人，
就能夠再去影響更多的人，
集合眾人的力量，
就能迴向給社會更多的希望
和祝福。

　　我曾經接受富邦文教基金會的邀請，巡迴全台灣將近兩百多所高中去宣導「生命教育」，包括：媒體素養、兩性關係、生涯規畫……等。看到青少年天真的臉龐，我很開心、也很擔心，畢竟他的生活不可能因為聽了一個鐘頭的演講就有很大的改變。再看看出版及閱讀領域，跟教育有關的主題，市場也在嚴重地衰退中，年輕人都上網找紓壓的娛樂，對自我成長投注的努力不夠多。當我發現自己一步一步往熟年邁進，而那些比我在青少年時期更迷惑的孩子，還滯留於他們生命的現場，毫無目標的嬉鬧，我從心底浮現很大的憂慮和無力感。

　　大概我的眉頭鎖得太緊，每當這個時候，聖嚴法師都會慈藹地注視我，和緩地講出有如暮鼓晨鐘的話：「我跟你一樣，也常常這樣子問自己，能做些什麼呢？但我知道，一定要鍥而不捨。雖說，天下皆醉我獨醒；但是，不要真的以為天下人全都是喝醉的人，只是沒有人喚醒他們。其實，人是很容易受感染的，一個人如果持之以恆地影響一個、兩個、三個、四個人，將來這幾個人，也影響其他的人，社會還是很有希望。就像釋迦牟尼佛發願要渡化眾生，無論是恆河沙數諸佛，或對世間善男子、善女人，也是渡一個算一個，兩千年來，渡盡眾生的使命未達，但依然繼續努力。」

即使大環境充滿危機，也將會是個轉機。
善用危機感，可以激發自我的力量。

　　這個說法似乎比網路上流傳「撿海星的故事」還要更積極一些。原文提到一個小女孩天天在海邊拯救退潮時被擱淺在沙灘的海星，有人問她：「海星那麼多，怎麼救得完？」她回答：「我知道我不可能救活所有的海星，但只要我撿起一隻海星，將它丟回海裡時，就已經改變了它的命運。」

　　小女孩獨自在沙灘拯救海星，力量畢竟是有限的。如果她懂得用傳道的方式，影響更多人加入援救海星的行列，將可以完成更大的志業。

　　就像我們用自身的力量，去影響一個人，被你影響的這個人，就能夠再去影響更多的人，集合眾人的力量，就能迴向給社會更多的希望和祝福。

　　善用危機感，可以激發自我的力量，突破環境的障礙，這也就是自我價值很可貴的地方。當我們能夠肯定自己的價值，然後把自我的價值，建立在別人需要的地方，即使大環境充滿危機，也將會是個轉機。即使覺得自己的力量很微渺，還是會日以繼夜力求精進地努力下去。

| 38 |
徬徨的時候，該怎麼找到自我？

關於自我開發，青少年時期的自我探索，是個關鍵。聖嚴法師說自己幼年時智慧未開，別人都已經讀中學，自己才剛要進小學，而且只讀四年就因為家庭貧困輟學，跟著父親、哥哥，幫人家做工，還是個體弱多病的童工。

在那樣的情況下，對「我」的概念非常模糊，對「人生」知道的也很有限。生命，就只是過日子而已。出家，對一個十三歲的孩子來說，不能說完全出自個人主動的意願，只能說是因緣。

他在沒有真正接觸佛法之前，和一般人的概念相似，以為佛教只是叫人家燒香拜拜，或替人家誦經超渡亡魂。直到入寺有老師的啟蒙，才知道：

佛法是可以用到實際的生活，從「戒、定、慧」「貪、瞋、癡」這些修行裡去增長智慧。

　　不過，十三歲的孩子可能連什麼叫做「煩惱」的體會都不深切，更遑論是智慧了。但，因為有別於一般青少年的成長歷程，他的師父要求他勤於拜佛，每天早上五百拜，三個多月以後，突然之間開竅，覺得這個世間跟小時候看的不一樣了。

成長，是往內探索自己，而不是向外需索感官的滿足。

　　獨自步行和佛前參拜，看起來都是機械化、沒有太多趣味的動作，但都是可以幫助自己沉澱心情，進行自我對話。相對於時下的青少年一旦感覺徬徨，把自己暴露在網路影音的環境之下，是截然不同的自處之道。

　　孤獨有助於專注，而專注有助於覺醒。如果，沒有這些積極往內在去探索自己的過程，只是不斷向外去需索感官的滿足，徬徨少年的迷惑，將永遠得不到清楚的答案。

| 39 |

要怎麼活出與眾不同的人生？

> 只要是認為正確的事，
> 認真去做就對了，
> 貫徹繼續堅持，
> 總有美夢成真的一天。

無論任何人聽說聖嚴法師「只」花了三個多月的時間拜佛，就能體悟人生的道理，選擇以畢生弘揚佛法為己任，可能會感到既羨慕、又不可思議。其實，很多因緣際會看似發生在一念之間、成就在一瞬之間，但卻是醞釀多時的結果。

自我的形成，除了本身天賦的特質（就是所謂的「善

根」）之外，「環境」和「父母」的影響力，最為關鍵。富裕的家世背景，雖然可以提供較多的資源去教養孩子；但是困苦的家庭環境，更有助於心志的鍛鍊。其中，父母身教的陶冶，影響更為巨大。聖嚴法師的父母，敬天愛人，讓他從小就知道要替別人想、要對自己負責，除了給他適度的愛與關懷之外，為了成就孩子的未來，也捨得放下親情，讓他出家，讓獨特的「自我」在天時、地利、人和三方面條件因緣俱足之下，順其自然地發展，終於讓他活出與眾不同的人生。

有一句很有禪意的詩詞說：「掬水月在手，落花香滿衣。」[1] 意思是，雙手捧起清澈的水，用心觀照便能看見天上的明月，無常的花朵飄落之後，留下滿身花香。把這句應用在自我的探索，也很有意思。所有的經歷，都會像落花變成過去，付出過的努力，或許未必留下痕跡，但若是為幫助別人成就美好的事，所有的付出就如同花香那般，清新了四周的空氣。不要擔心今天付出的心血，是否對自我有何意義，只要是認為正確的事，認真去做就對了，繼續堅持貫徹，總有美夢成真的一天。就算這輩子無法達成，願望仍會繼續下去。

1　此句流傳自虛堂禪師所說，另一出處為唐代詩人於良史的《春山夜月》。

| 40 |

如何才能找到自己的獨特之處？

　　發展自我，要回歸自己本身，不應該由父母決定子女要學什麼，而是要看這個孩子真正適合什麼，父母只要提供一個開放的環境，讓他有機會自由接觸很多不同的事物，從旁觀察、協助，在孩子需要的時候推一把，而不是主導孩子的興趣發展，看別人學什麼，就逼自己的孩子去學，無異於揠苗助長，造成反效果。

　　很多現代父母擔心孩子文字表達能力差，不會寫作文。學者專家的建議都是說：「多多閱讀，就能培養作文的能力。」但可惜的是，很多父母本身就不愛看書，沒有提供孩子閱讀的環境及動機，硬要逼著孩子寫作，有如緣木求魚。

　　回想起來，我的閱讀和寫作經驗，承傳自我的父親。他很喜歡看書，我姊姊常常吵著要買書，我一有空就去書架翻翻爸爸跟姊姊的書，所以不知不覺中也變得愛看書。雖然，

青少年時期，我並沒有把「創作」當成我畢生的職志，但顯然是有跡可循。博覽經典書籍，很自然地就會有感而發，產生創作的動力。

> 先以開放而真誠的態度，
> 學會觀照自己，
> 積極探索內在的興趣，
> 培養成為可以發揮價值的專長，
> 就會發展出獨特的才能。

雖然在網路發展迅速的今天，人人都可以透過文字及影音，分享自己的見聞，甚至透過經營自媒體，而成為出版市場閃亮的明星作家。但回頭看看閱讀和寫作這兩件事，最單純、而且最重要的目的，並不一定是要培養創作的才華，而是藉此更深入地觀照自己、探索生命。

| 41 |
遇到瓶頸該怎麼辦？

障礙，
帶給我們最珍貴的禮物是：
學會判斷應該要勇於跨越，
或必須立刻轉彎！

　　不斷努力嘗試，碰壁時可能學會轉彎，也可能碰到貴人。喜歡閱讀及寫作的聖嚴法師，曾歷練過「寫稿、投稿、退稿」的經驗，但他完全不以為意，甚至更珍惜被退回的稿件。從前的編輯很認真，退稿時都會寫上評語。像當年中央日報的副刊編輯孫如陵，就是一位讓聖嚴法師印象深刻的文化人，很專業、也很有熱忱。他寫在退稿上的評語，對法師產生很大的激勵。聖嚴法師還主動參加文藝函授學校，以自修的方式學習創作，在文學創作上，奠定厚實的基礎。

　　在尋找適合自己的發展方向時，難免碰到瓶頸。有時候，必須克服障礙，突破自我的限制；有時候，必須知道那是條死胡同，最好立刻轉彎，換個方向。人生的可貴，就在於經過適當的摸索之後，及早知道自己的潛力有多少、障礙在哪裡。聖嚴法師說他年輕時學過唱歌、吹笛子等，試過之後發覺自己因為肺活量不夠，不合適往這些才藝去深入研究，就立刻變通，把時間放在閱讀和寫作，這些適合自己發展的方向上。

　　無論是接受天生的限制，或改進自己的缺點，都是一種自信的表現。

| 42 |

感覺技不如人，
還可以自我肯定嗎？

聖嚴法師在很多場合都用過「大鴨、小鴨」的比喻，鼓勵每個人勇敢走自己的路。這個典故，來自他父親的指導。意思是說，有人是大鴨，有人是小鴨，大鴨有大鴨的路，小鴨有小鴨的路，不用跟別人比較，而是要走自己的路。

小鴨，有小鴨的責任；大鴨，有大鴨的承擔。但是，很多人的痛苦，是不甘於自己只是一隻小鴨子；或是相對地，擁有大鴨的材料，卻沒有該有的承擔。

在自我成長的路上，自知之明，很重要！找到自己現在的位置，弄清楚未來該去的方向，就是要認識自己到底是大鴨的料，還是小鴨的料？而且，假以時日，小鴨也可能變成大鴨，這中間必須經歷的過程和鍛鍊，也不能逃避，有了這些認知，才能安心自在地做自己。

聖嚴法師自謙地說，從來沒有想過自己是大鴨。他認為

每個人的特質都不一樣，
與其盲目地羨慕別人，
不如積極地肯定自己。

自己一輩子都只是隻小鴨，儘管別人早就不是這樣看待他。二十多年前，聖嚴法師曾經跟當時台灣佛教界的大師同行，大師身邊信眾很多，前呼後擁，到處有人向大師膜拜。當時，他以小鴨自居，即使看到這樣的場面，並不會自慚形穢，仍非常自在。但幾年之後，參加國際性質的宗教會議，依然以小鴨自居的聖嚴法師，居然被推選為會長，別人看他很有智慧，請他擔當重任。他也不會因此而得意，因為會長也是有任期的，任期結束後就恢復為小鴨了。

在聖嚴法師的概念裡，所謂的「小鴨」變成「大鴨」的過程，是很自然的成長，而不是自己想變就變的。

時機、因緣、環境若不成熟，或是自己努力不夠，想變也變不成，反倒是回到內在，安於自己的本分，付出該有的努力，才是對自我成長真正有幫助的事。

| 43 |

痛苦的時候，如何轉念看待？

發現自我，可喜可賀。但是，從發現自我，到完成自我，又是漫長的道路。如何堅定自己的夢想，不輕易改變？

站在傳統的觀念，總會說：「願意吃苦，把苦當補，是很重要的。」但是，一件事情究竟是「苦」、還是「補」，其實不是絕對的，而是相對的。如果，自己心甘情願，再怎麼「苦」、都會是「補」！

很多人覺得聖嚴法師少年出家，住進佛寺，吃齋拜佛，還要灑掃庭院、清理衛生、煮飯燒水……應該很苦吧？

但是，在此之前，他吃過別的苦，了解自己的限制在哪裡，相較之下，覺得上述這些事，比起和父兄拿著槌子、鏟子下田做苦工，實在是幸福太多了。

把「吃苦」當作「進補」的前提是：知道這些經歷都是為了要發展自我，而不是基於自我享樂的立場去判定。

　　父母不要怕孩子吃苦、捨不得孩子受罪，而是要引導孩子去思考，如何發展自我，到底眼前所要經歷的是「苦」還是「補」，其實都沒有那麼絕對，只要努力去做，自然會有收穫。

　　聖嚴法師從有記憶開始，就必須要幫著父母種田、看羊餵豬、照顧家庭，儘管他是家中排行最小的一個，並不會恃寵而驕。

　　因此，他建議父母應該讓孩子多吃點苦、多磨練，將來在發展自我的過程中，比較能夠吃苦，也才不會碰到困難就退縮。

只要符合自我發展的目標，
心甘情願地全力以赴，
終能跳脫痛苦的感受，
在折磨中把自己鍛鍊得更強大。

| 4 4 |

在善惡之間做選擇，
有可能抵擋誘惑嗎？

　　能夠吃苦，所以才能堅定信念，不會因為吃不了苦，就改變當初的決定。聖嚴法師曾經有很多次機會，可以做不同於現在的選擇。

　　在大環境的變動下，聖嚴法師曾從軍十年，有很多機會還俗，身上卻一直帶著僧衣。甚至在日本讀完書時，有個日本和尚過世，廟裡留著妻小等著要他去當住持，但他都沒有退轉。聖嚴法師說：「自己選擇的這條路，不管有什麼樣的阻礙，或者有什麼樣的誘惑，這條路要走就繼續走下去，不能夠三心二意。這就是我的性格，從小就是這個樣子。」

　　他笑著承認：「個性很倔強！」想做的事情，不管大小、

把自己放在一個
正向積極的處境裡，
「擇善」就變得容易很多。

無論難易，只要自己願意，就會繼續做下去，不會隨著外在改變自己的初衷。這就是所謂的「擇善固執」！

　　在尋常人生裡，「固執」容易，「擇善」難。值得慶幸的是，佛法本來就是「止於至善」的大業，一旦選擇了，就只需堅持下去而已。

　　這是很有趣、也很重要的事。倘若身處牛鬼蛇神混雜的環境裡，需要很多力氣去判斷與抉擇，才能夠刪除「惡」的，留下「善」的，做出「對」的決定。如果把自己放在一個正向的處境裡，「擇善」就變得容易很多，而「固執」也就是相輔相成的助力了。

| 45 |

面對未知，如何能堅持下去？

堅持下去的力量
和夢想的規模成正比。
當志向愈大，
中間碰到挫折、或是誘惑時，
負面的影響和阻礙，
就相對顯得微不足道。

少年出家剛進入寺廟時的聖嚴法師被叫做「常進」，他身處動盪的時代，佛教的前途十分黯淡。

當時，出家人就是趕經懺，沒有社會地位，甚至被歧視。但是，他覺得佛法很好，應該被好好保留，並且加以發揚光大。因為自己在佛寺中被教育的經驗，他認為「藉由興辦佛學教育來宣揚佛法」對傳承佛教是非常重要的事。

在辦教育之前，自己必須要先進修，所以他立志向學，拚命想考上當時被視為「佛教最高學府」的兩個佛學院，一所是在重慶的「漢藏教理院」，另外一所是在閩南的「閩南佛學院」。不過，還沒去考，戰亂就發生了。

幻滅，這是個很大的挫折。尤其當困境來自外在的局勢，並非自己可以控制或扭轉的，更容易令人感到失望。

儘管如此，聖嚴法師並沒有改變初衷。當隆隆砲聲，逼近黃浦江邊，兵荒馬亂之際，他只能繞著時代的圓弧，讓自己的生命跟著轉彎，帶著僧衣入伍，跟著「青年軍」的號召，打算先到台灣，等時局穩定再恢復和尚的身分。在時代動盪的亂世中，堅持自己的方向，耐心沉潛一段時期，既可磨鍊心志，也能多做準備。

在轉念中
學會放下

CHAPTER 4

內心所最渴求的，

其實正是最害怕失去的嗎？

「想要」和「需要」之間

有標準界線嗎？還是因人而異？

情欲，是可以馴服或提升的嗎？

幼年時期，我曾因為跌落河溝而有過瀕臨溺斃的經驗。被救起後，我的嘴鼻還塞滿污泥。噗通地掉進了水裡，接著眼前一片漆黑的印象，至今非常深刻。但很奇妙的，我並沒有因此而害怕靠近水邊，反而更想接近它，看看裡頭到底有什麼？

小孩子不懂事，根本不知道要害怕。直到念高中上游泳課，歷經痛苦的學習過程，水嗆到鼻子、灌進咽喉，我才知道要怕水，甚至排斥它，但因為體育課要考試，非學會游泳不能結業，無論如何還是要面對現實，克服恐懼，盡力學習。等到長大後真正學會游泳，開始懂得享受在水中優游的樂趣之後，慢慢覺得心中有些東西一起被釋放出來。

那是——恐懼和欲望。

很多人可能會認為「恐懼」和「欲望」，兩個詞如同風馬牛不相及；其實「恐懼」和「欲望」是相生相衍的一對難兄難弟。倘若沒有「溺斃的恐懼」，哪來「求生的欲望」？

年少的我曾以為：「恐懼」來自「無知」；但是，如果真的「無知」，應該根本不知道「恐懼」是什麼。真正難以克服的「恐懼」，其實是來自「欲望」；而「欲望」的根源，就是「無知」。

若要克服「慾望」與「恐懼」的惡性循環，必須透過「轉念」與「利他」的練習，才能掙脫內在的牢籠，活出生命真正的價值。

| 46 |

我很努力助人，
為什麼感覺不到快樂？

　　杜媽媽是我國中時期一位同窗好友的母親，她本來在菜市場賣豬肉，生意非常好。後來，丈夫生病過世，孩子長大，在因緣俱足之下接觸佛法，把肉攤的生意交棒出去，找了一塊地獨自耕作，種植完全不添加農藥的有機蔬菜，一部分拿到路邊去賣，另一部分佈施給別人。杜媽媽知道我母親中風，行動不便，常常送蔬菜來，並鼓勵家母誦經學佛。

　　我仔細觀察她，或許是長期茹素，或是樂於付出助人的關係，她的神情跟過去在市場賣肉時，有很大的不同，平靜而慈悲，像是觀世音菩薩的化身。

　　有些人發了願心，要捨棄個人的私欲，為眾生解脫而努力，卻沒有按部就班選擇適合自己的方式，常因力有未逮而感到挫折。

明明是想要付出自己，幫忙別人，
內心卻沒有歡喜，原來是缺少該
有的自知之明，因為自不量力而
力不從心，就會覺得焦慮。

聖嚴法師以挑擔為比喻，如果衡量自己只能夠負擔十公斤，就挑十公斤的擔。千萬不要因為看到二十公斤的擔沒人挑，就立刻自告奮勇說：「我來挑！」結果擔子還是沒挑起來，自己卻累死了。不但沒有幫助到別人，自己反而先犧牲了。這種奉獻並不值得，而且顯得沒有價值，缺乏智慧。

想要幫助別人，先量力而為。

當自己認為能擔十公斤的時候，不妨先從五公斤的擔子開始挑，輕輕鬆鬆。有信心了，就擔十公斤，勉勉強強。再來擔十一公斤，就已經很了不得，不要太快去挑二十公斤、三十公斤。可以發很大的願心去做事，但不能好大喜功，以為善事都是一蹴可幾，到最後累死自己，這是愚癡，不是慈悲。

| 47 |
做好事卻被質疑，該怎麼轉換心情？

　　不論再好的善意，還是有可能會碰到阻力。有人讚嘆，有人質疑。但是，只要有自知之明，衡量自己的能力，無論當時的能力能夠推動到什麼程度，都心懷感謝，再接再厲，慢慢就會有進展。

　　真正的慈悲，是要有自知之明，看有多少的能力，有多少的資源，能夠做多少事，倘若資源不夠、能力不夠，就要努力充實、要積極補足，要想辦法增長，而不是貿然去承擔自己能力不足的事。

　　很多人在「轉念」的過程中，採用錯誤的方法、或太過於激進，碰到阻礙，未竟其功。

　　有些人則是觀念錯誤，只聽到「能捨，就是得」，便在割捨的同時，出現「我可以得到什麼」的欲望，這也是「轉念」的過程中常見的障礙。

　　聖嚴法師說：「捨自己的私欲，得到的是大的願心！」並非是要得到什麼實質的東西、也不是無形的成就。即使開悟成佛，只是沒有煩惱而已，並沒有什麼可以獲得的。

　　《心經》講「無智亦無得」，到最後是什麼都沒有，連智慧也沒有啊。並非成佛以後，就高高在上，讓人家參拜。真正成佛之後，自己不以為是佛，所以還是要回到世間以菩薩身來渡眾生。

　　「能捨，就是得！」這句話裡，還是有「捨」有「得」；真正沒有煩惱的人，只有捨，沒有得！沒有「得」的欲望，才能連煩惱都捨得掉。

只有「捨」的決心，
沒有「得」的欲望，
才能夠連「煩惱」都放下。

| 48 |
無知，會帶來恐懼？

> 認知無常，就能遠離恐懼；
> 同理痛苦，就能展現慈悲。

「無知」，就是沒有智慧，出現非分之想，產生無止盡的貪婪，「欲望」得不到滿足，變成深刻的「恐懼」。《心經》提到說：「無罣礙故，無有恐怖。」而心之所以會有罣礙，常因為我們對生命的本質了解得不夠透澈。這是聖嚴法師所講的第一種恐懼。

因為無知而恐懼，即使提供再多資訊、再多知識，也無法解決這種恐懼。

生命的本質是無常，若是不願意面對無常，就是一種最大的無知。

不可知，其實是人生的常態。無常的人生，本來就不可知。無常，才是正常。如果能夠接受這樣的事實，認知這是無常，就不會恐懼。

現代人的生活裡，科技、醫學都很進步，各方面的物質也比過去豐富，但是，大家害怕的東西卻愈來愈多，怕死、怕窮、怕吃得不健康、怕活得不快樂、怕伴侶不忠實、怕成就輸給別人⋯⋯這些心裡的恐懼沒有得到解脫，就會覺得人生很痛苦。

痛苦，是個起點，卻可以往兩個極端不同的方向發展。一種為了讓自己不再受苦，而產生更多無止境的需求，成為沒有辦法得到滿足的欲望，陷入負面的循環，增加更多痛苦。另一種則是為幫助別人、為渡化蒼生，發心要幫大家從痛苦中解脫，這個念頭將欲望轉化成為願力，就是慈悲。

聖嚴法師認為：「意識到苦，並非不好。尤其，能夠深刻體認別人的苦，是慈悲心的開始。」

釋迦牟尼佛在出家修行之前，雖然是個王子，但是看到了生老病死四種景象，問他的侍從說：「每一個人都會這樣子嗎？」他的侍從說：「是！」

不可知，其實是人生的常態。
無常的人生，本來就不可知。
無常，才是正常。

　　釋迦牟尼佛又看到一個農夫在田裡耕作，把泥土翻過來，裡面有許多小蟲，好多小鳥飛過來吃蟲，然後大鷹吃了小鳥，獵人打了大鷹，就是所謂的「螳螂捕蟬，黃雀在後」，這是世間眾生弱肉強食的一個縮影。

　　不只如此，生老病死在印度是隨時、到處可以看到的，街上有東倒西歪躺著的老人、病人、死人、還有身懷六甲的孕婦，每天都可以遇見，幾乎人人習以為常，不覺得有什麼恐怖的事情。釋迦牟尼佛因此而想到自己的命運也會是這個樣子，即使貴為王子，也逃不掉生老病死。

　　智者畏苦，愚人不知道什麼是苦。當釋迦牟尼佛醒悟到自己雖貴為王子，在面對生老病死時，與所有生命並無不同，就具備了慈悲心的基本條件。

　　他發現這個問題必須要解決，對於眾生、對於自我，都很必要，於是發心出家修道。

| 49 |
難道「討厭」也是一種傲慢？

> 「害怕」與「討厭」只是一線之隔；去除「傲慢」，才有見賢思齊的動力。

　　無知，是第一種恐懼。聖嚴法師認為的第二種恐懼，不是生老病死，而是畏懼威德。這又分為兩個層面：一個是害怕個人的威德；另一個是害怕大眾的威德。

　　對個人威德的恐懼，例如：心術不正、行為不檢、以及對自己信心不夠的人，看到正人君子、有賢能、有威德的人，無法當下察覺到他們的正直和慈悲，也無法體會他受人尊敬

的原因，總會因為自慚形穢而感到害怕恐懼。沒有原因，不知道是什麼原因，即使自己沒有做什麼壞事，也不敢見對方，反正就是害怕。

這種恐懼的情緒，若沒有妥善處理，可能會把「恐懼」轉變成為「討厭」。明明是「我害怕他」，就故意想成「我討厭他」。

最常見的，在路上看到有些人的家庭環境很好，或物質的享受很好，沒有去仔細想想別人獲得富貴的方法或因緣，憑著一時的情緒心生嫉妒，卻不願承認，於是便說：「我很討厭有錢人，有錢人都是銅臭味！」

聖嚴法師說：「佛學的名詞裡面，這個叫做『卑劣慢』。傲慢，不一定是自己比對方強；比不過對方時，也會產生傲慢。」就是俗稱的「酸葡萄心理」，自己吃不到葡萄，就說葡萄是酸的。

看到別人成功，就推測他是走邪門、踩捷徑、利用裙帶關係。這種心態很可惜，會讓自己失去「見賢思齊」的動力，離成功愈來愈遠。

| 50 |

如何讓自己的心遠離畏懼？

除了無知，畏懼威德之外，聖嚴法師提到的第三種恐懼，是因為陌生的環境而引起，擔心自己會因為陌生而受到傷害或損失。有些人，從來沒有去過的地方不敢去，從來沒有見過的人不敢見，從來沒有待過的環境，他絕不肯自己獨處在那裡。

而第四種恐懼，則是害怕「不確定」，它不一定真的會發生，就如同是杞人憂天。就像有些人看到電視說吃什麼東西可能會致癌，又提到現在癌症的患者很多，其實這些新聞跟他本身沒有直接相關，但是只要聽聞到了就會害怕。身體健康固然要重視，但是也不該變得疑神疑鬼，只要有一點不舒服、偶爾有些小病痛，就以為自己罹癌。

第五種恐懼，是因為貪得無厭之後，害怕自己錢不夠多，或地位不夠穩固、或憂慮感情可能會有變化……等。

這種恐懼若不審慎處理，可能會讓自己失去理性而做出傷人害己的事情。

第六種恐懼，是害怕比不過別人，失去競爭優勢。有些老闆很害怕自己一手提拔的幹部，能力愈來愈強，擔心他會因為忠誠度不夠而危害公司，養虎為患。

人就怕跟人比，如果自己比對方更優秀就驕傲自負，感覺到不如別人就覺得自卑、懼怕。即使兄弟姊妹，也會有這種比較的恐懼。優秀一點的孩子，會被長輩更疼愛，更受關懷；比較不優秀的孩子，可能就會遭到冷落。

聖嚴法師很慈悲地向這些自覺得比不上別人的人說：

> 「每個人都有屬於自己的福德智慧，和各自的因緣。傻人有傻福，聰明的人也有聰明人的好處。但是不一定好事都輪到聰明的人，笨笨的人有時候反而更占便宜。所以只要盡了自己的力量就好，不必過於計較或擔心。」

| 51 |

所有的「欲望」都是壞事嗎？

> 滿足一人私利,是「私欲」;
> 若能成就公眾利益,
> 那就是「願心」。

　　所有的種種恐懼，面對它之後，意識到它帶來的苦，可能轉變成一種欲望。

　　為滿足私利的欲望，叫做「私欲」，像個無底洞，非但填不滿，還可能會害了很多人。

　　欲望，如果是為一個族群，或是為國家、為眾生，那就不是欲望，叫做「願心」，是發了悲願心，希望能夠悲天憫人而救世救人。

　　這就是「欲」和「願」的差異。「欲」是私欲，「願」是關乎公眾的利益。

　　雖然，成就「欲」和「願」的基本功夫是相同，一樣要從基礎的修為做起，要努力追求，要充實自己的智慧，但是差別就在於目的是為私、還是為公。

　　我們應該提倡、鼓勵的，是為公眾利益的「願」，而不是為了一己私利的「欲」。因為，一味地為了追求私，很難不害到別人。

　　任何人如果只想自己的利益，而不去關心別人的利益，甚至為自己的利益，可以犧牲其他的人，這樣的「欲」，是禍害的開始，連帶身邊的人都可能受到波及。

| 52 |
該怎麼面對自己的私欲？

　　從「私欲」到「願心」，是自我轉化、自我提升的過程。每個人都是凡夫俗子，內心裡多少都是自私的，有句話說：「人不為己，天誅地滅」；但是，只要這個念頭一轉，就變成願望、而不是私欲。

　　聖嚴法師認為：轉念的時機，需要很大的因緣。有一種人，當財富、權勢、地位，到達某一種程度時，他就會開始反省。

　　擁有的愈多，責任愈大，負累越重。財富再多，只能夠吃一個飽，睡一張床，住一間房，不可能獨享天下所有的榮華富貴。更何況，榮華富貴也會衍生更多問題，像是吃得太好，會影響健康；留的財產太多，會害子孫失去追求人生價

> 每個人都會有自私的一面，
> 只要轉為以公共利益出發，
> 內心就會自在。

值的動力。只要能夠想清楚這些道理，就會有所醒悟；與其
沉迷在財富、權勢、地位的追求，不如放下這些身外之物，
為大眾的公益而付出，念頭一轉，就是私心的欲望的減少，
公共的願望的增加。

　　**凡是謀私欲的人，不管從事什麼工作，都會患得患失，
是很痛苦的事。如果真正是為公共利益，不為私人成就，就
不會患得患失。**

　　當我們付出再多、成就再大，都不覺得自己有什麼值得
驕傲，也不會表現傲慢的態度。即使因為轉換工作職務或退
休，失去從事公共服務的機會，也會覺得已經盡力，並不覺
得痛苦，也就更為自在了。

| 53 |
如何從「私欲」到「願心」，
從「利己」到「利他」？

　　聖嚴法師提到很多信奉佛教的菩薩們，一個人能做的，就自己承擔；倘若獨自的力量不足以成就的，會請求大家一起來幫忙，共同來做；如果這一生做不完，發心來生來世、永生永世繼續做下去。

　　凡是為救濟大眾，幫助大眾從不安定的情緒、或不平安的環境解脫出來，自己發的悲願，為救眾生的苦，稱為「慈航普渡」。

　　像觀世音菩薩，就是如此。觀世音菩薩叫做「施無畏」者，佈施，無所畏懼，永遠做眾生的依怙。即使親如父母，眾生對父母可能沒有辦法永遠依靠；但是，觀世音菩薩是永遠可以依靠的。

　　觀世音菩薩無所求，發了大悲願心要普渡眾生。

　　相對於，普通的凡夫俗子，在發願慈悲之前，難免都是自私的。但是，自私在眼前看，好像是占便宜、得利益的，卻可能是損人利己、或損人不利己。

　　聰明的人，利己而不損人；笨的人，就損人不利己。

　　現在的工商企業界、或一些政治人物，或一些有企圖心的人，都會聲稱自己是為社會服務。

　　雖然做的都是好事情，但是內心卻精於算計，虧本的事情不會做，只挑賺錢的事情做。如果一定要叫他虧本的時候，他就要看未來是不是能夠收回，這些都還是私利，不是公利。

> 真正的公利，就是不計個人利害，盡量地付出。由此可見，「私欲」和「願心」界線如此分明，卻只在乎一心。不容矯飾，不可敷衍。

| 54 |
轉念的契機是什麼？

　　從「私欲」到「願心」，轉念的時機會出現在什麼時候？大挫折、或大成就，都可能是契機。

　　我身邊很多朋友，是在面臨至親病故、或重大的天災人禍，開始思索人生的意義與價值時，把握「轉念」的契機，從此活出不一樣的人生。

　　有人則是在達到階段性的目標，認為「吾願已足」，不再過度貪戀其他的追求，放慢追求名利的步伐，積極投入對公眾事務的關心。

　　但是，也有些人只是在碰到不如意的事時，內心受到衝擊，短暫地產生「轉念」的想法，必須要再經過一些人生的

> 轉念的時機和年齡
> 沒有絕對關係，
> 關鍵在於人生際遇，
> 以及智慧的開發。

歷練，才能引導出貫徹去做的動力。

有人在至親重病無法獲得良好的醫護照料，因此發願去做醫生；有人看到政府運作效率不好，就發願要從政；有人出身貧窮，就發願要為鄉土開發。

這些不為自己賺錢，而為社會服務奉獻，讓大家都能變得幸福……只要社會大眾有需要，不論成就大小，隨時都可以盡自己的力量，為大眾的利益去付出。

將「欲望」轉化成為「願心」，本來是只為自我，為家庭，慢慢地拋開自我和家庭的侷限自私想法，提升到為公益而努力。

| 5 5 |

要做些什麼練習，讓自己轉念？

即使只是日常對別人付出
一點小小的幫助，
就能發揮影響力，
觸及更多善的循環。

聖嚴法師認為：「愈早轉念愈幸福，因為在轉念之前，那段追求私欲的路程，實在太辛苦。」

對這段開示，我有很深刻的體會。像是比爾蓋茲，在生涯階段中影響力最大的時候轉念，有另一種意義。他在成為全球首富之後，捐款的金額巨大，善舉也引起世人的注意及效法。

雖然財富狀況不同、年齡也有很大的差異，但我身邊有很多朋友，都做出正向的決定。他們是普通的上班族，或許都不是很有富有，但是每個月都會捐款幾百元幫助台灣偏遠地區的貧童，讓他們有營養午餐可以吃。少買一件牛仔褲，少喝幾杯咖啡，犧牲自己的享受，成全別人的需求，雖然這只是小小的動作，卻是一種轉念的練習。

當一個人的月薪收入，只有三萬多元，還要付貸款及生活費用，卻願意捐出幾百元幫助陌生人，就算金額不是太大，也很了不起。有時候，這些轉念的影響力是個別的、單獨的，但是集合這些影響力，就可以發揮聚沙成塔的大作用。

| 56 |

如何分辨
「想要」與「需要」的差別？

「想要」，如果超過「需要」；
「消費」，就會變成「浪費」。

聖嚴法師曾說：「想要的很多，但是真正需要的其實不多。」然而，每一個人的生活方式不同，「想要」跟「需要」之間的界線，也不太一樣。譬如說，名牌的包包，對我來說，不是很需要，也沒有很想要。可是，對某一些人來說，沒有名牌包包，就幾乎活不下去。

「想要」跟「需要」之間的界線，到底在哪裡？這就要考慮自己的收入，並且還要跟所處的地位、工作的性質、生

活的環境等條件互相配襯。

　　一般人寫字的時候，用普通的原子筆就可以；但是，在簽訂國際合約的場合，就不能這樣便宜行事。甚至，雙方各用一支很好的筆，然後兩支筆交換。因為這個場合使用的筆具有紀念性，簽約以後，可能變成歷史文物。如果不講究，會給別人留下「草草了事」的印象，顯得對簽約儀式不重視。

　　穿衣服也是同樣的道理。在家裡穿平常的休閒服就可以，但是到了正式的宴會場合，就要講禮節，不只是衣著鞋子，甚至髮型，都有一定的標準，如果沒有按禮數來穿著，很可能被拒於門外。

　　沒有要參加什麼重要的典禮或宴會，純粹只是為了趕時髦，追求流行，炫耀自己的財富，彰顯獨特的品味，甚至沒有那樣的能力，只是為了滿足自己心裡的欲望，這就不是「需要」，而是「想要」。

　　有時候，問題是出在跟自己的身分或外型不匹配，看見別人手提漂亮的皮包，穿著美麗的鞋子，考慮財力，自己也買得起；但是，買來之後，提在自己手上就是不對勁，別人看了也覺得不搭調，這同樣不是「需要」，而是「想要」。甚至，這不是「消費」，而是「浪費」。

| 57 |

捨棄外在的裝扮，
要怎麼突顯出自己的重要性？

出席社交場合的名媛貴婦們，難免看到誰戴了藍寶石、紅寶石、翡翠，就會比哪個價值高，看到鑽石，就比哪個克拉大。

即使嘴巴不明說，心裡也是暗暗計較。正因為大家喜歡互相比較，於是就把「想要」誤解為「需要」，矇騙了自己，陷入過度消費變成浪費的無底洞。

但是，並非所有的貴婦聚會都會強調奢華。當聚會的主人是很真誠素樸的，受邀的貴婦參加過幾次，放下心中「怕輸給別人」的恐懼之後，慢慢地就會回歸「需要」的基本面，不會在「虛榮」上爭奇鬥豔。

即使是電影明星，也有樸實的一面，印象中，林青霞參加法鼓山的典禮，都打扮得很清雅，她最吸引人的地方，是

人之所以高貴，是氣質、是品格、是道德，而不是身上的珠光寶氣的價值。

高貴的氣質，而不是身上的寶石。

聖嚴法師的弟子中，有很多貴婦是像林青霞這樣很有身分地位的，自從皈依之後，學習佛法，有了新的體認。

一位從商的貴婦，生意做得非常好，那些寶石對她而言，並不算稀奇。自從學會從內心精進自己以後，觀念完全改變。原本身上的穿著配件，都要買最貴的、最好的，現在都回歸到「需要」的基本面。

從表面上看起來，她好像跟一般普通婦女一樣。但大家卻比從前更尊敬她、更喜歡與她親近。

當她有了這樣的自信之後，即使是出席重要的場合，可能也只是穿一些比較適當的禮服就足以表現，不需要多餘的首飾來彰顯自己。

| 58 |

當情欲高張時，該怎麼面對？

> 性，雖是生物的本能；
> 但可以用心理來克服，
> 也可以用生活來調劑。

　　談到「欲望」，除了前面提到的「物欲」之外，還有「情欲」。這也是現代人常碰到的難題，尤其是來自「生理」的性衝動，彷彿是心中一匹難以駕馭的野獸，若不加以馴服，就很容易闖禍。

　　《圓覺經》裡提到，眾生因情欲而獲得生命。換句話說，眾生都是兩性的關係發展、互動、結合而產生出來，只

有最原始單細胞的生物不是，甚至絕大多數的植物也是透過兩性繁殖的形式傳宗接代。

情欲，是生命的開始。告子說：「食色性也！」性，就是人類的本能。就像「倘若不吃飯，身體就不能夠活下去」的道理一樣；如果，沒有性的交配，就不可能生育下一代。

雖然，性是生物的本能；但是，可以用心理來克服，也可以用生活來調劑自己的情欲。

畢竟人跟動物不一樣，不能只是被生理的本能驅動，而不受道德的制約。甚至，某些動物在尋找對象時，也是從一而終的。

對於如何化解性的衝動，聖嚴法師先從心理層面給予建議。首先要告訴自己：「我不能夠有非分之想，越軌的行為，這都是害人不道德的行為。我是一個人，我有我的人格，我要用更高的道德標準要求自己。」

做運動，則是另一個建議。藉由生理上體能的發揮，可以紓解性的欲望。例如：伏地挺身，是很有用、也很方便的運動。而出家人最好是拜佛，用大禮拜的方式，拜個五百拜，念頭就會消失。當身體的氣都暢通了，氣順了，性欲的刺激，或對性的反應，很自然會化解掉。

| 59 |

渴求平靜，也算是一種欲望嗎？

有一種欲望是屬於心靈層次的，譬如：想讓自己的心靈更加平靜、純淨，或許可以暫時稱之為「修行的欲望」。這幾年來，世界各地的上班族，都掀起「靈修」的熱潮，有些人因此而獲得修行上的精進，以「願心」得「願力」，心靈的涵養更上層樓。但，也有人用錯方法，讓自己的身心受到傷害。

我有個朋友，去參加號稱由國外機構所舉辦的「靈修」課程，花了新台幣數萬元，在第一階段的「斷食」期間，身體就無法負荷，但是，她堅持自己可以撐過去。這趟為期兩週的靈修課程回來之後，她胃出血，後來還罹患憂鬱症，得不償失。

她很積極要修行，但沒有發現自己尚未具備那個能力，最後卻傷到自己。

> 修行，要先調身。調理自己的身
> 體，然後再調理自己的心；身體
> 沒有調理好，心就不容易調理好。

聖嚴法師提醒：「修行，是需要有人指導的。」精進的修行，是鍥而不捨，持之以恆，日以繼夜，但並非拚命、甚至不要命地去修行。

出家人最常用的方法，就是打坐。既可調身、也可調心。

修行禪定的人，除了定時打坐之外，運動也是很重要的輔助。

佛經裡的運動項目很簡單，叫做「經行」，就是「散步」的意思，每天都定時散步。在禪堂打坐，到了一柱香、兩柱香，就要散步一次，調整自己的身體，讓血脈、筋骨能夠健康活絡。當身體調整好，飲食也要跟著調整。捱餓不吃、或吃太飽，都不行。即使是所謂的「打餓七」，就是整整七天不吃東西，還是要有老師指導，在適當的時間要喝水，適當的時間做些運動，要用正確的方法修行，才會有效果。

| 60 |
如何避免落入彼此競爭的
無限迴圈裡？

　　藉著適當的修行，的確可以鍛鍊自己，在割捨「私欲」的同時，「願心」隨之而起。但是，「轉念」的過程是否順利，也是因人而異。

　　聖嚴法師的父母常教導他要禮讓別人、幫助別人。聖嚴法師說：「讓人，是退一步；助人，是進一步！」進退之間，拿捏好做人的分寸，對別人無欲無求，自己就能正直不阿。

　　但是，倘若碰到不好的人，不需要跟他對立，而是體諒他，同情他的遭遇，等到他需要的時候，幫忙他改變。

　　這幾年來，台灣的大環境非常混亂嘈雜，媒體整天報導爭權奪利、打殺搶劫的新聞，人心惶惶，製造很深的恐懼，產生很大的欲望，全都是「自私」的念頭。

　　為自己的生存，惡性競爭，落入達爾文「物競天擇」的

進化論，相信適者生存，不適者就被淘汰。很多少數民族，就是因為競爭力不夠，或者是武力不夠，就被消滅掉。但是，如果因為怕被消滅掉，就使用更大的力氣、更多的資源去抗爭，只會造成更嚴重的對立。

　　針對這個亂象，聖嚴法師提供的解方是：「寬大」與「堅強」！當自己的心胸夠寬大，就能無視於惡性競爭帶來的恐懼。但是，畢竟肉身不能擋子彈，僅有心胸寬大是不夠的，還必須要「堅強」。

　　所謂的「堅強」，就是充實自己，把自己的知識、體能、環境、資源都準備好，然後才有能力去幫助別人。

用寬大與堅強，消除競爭的恐懼，就能平靜自在。

|61|
該怎麼做才能培養
「寬大」與「堅強」的本質？

聖嚴法師認為：應該從教育開始培養孩子「寬大」與「堅強」的本質。心胸寬大，實力堅強，人緣自然就會好，就可以化解惡性競爭。

服務型的領導，是現代時勢所趨。而聖嚴法師多年前在軍中時，就已有具體的實踐。

當時，部隊要選軍中代表，他是四個候選人之一，彼此都不認識，經過互相介紹之後，他熱心地幫大家蒐集資料，並積極去了解當選後要做些什麼服務，知道身為代表不只是榮譽，還要為大家謀福利、替大家發言。在還沒正式投票之前，其他幾位候選人看到他這麼樂於分享、願意服務，就主動說：「不需要投票了，像你這麼優秀的人，就是要替我們服務！」其他三個人就推選他為代表。

　　回憶起這段往事，聖嚴法師笑著說：「我從小就習慣幫助別人，結果一路走過來，都是常常被人家推選為領袖人物。並不是要爭取出頭的機會，而是要替大家多做一點事。」

> 拿自己有興趣的專長，服務需要幫忙的人，自然就會產生「利他」的思考。愈來愈有信心之後，也會轉化自己的私欲，慢慢以別人的利益為優先，比較不會一直想到自己。

　　剛開始學佛的人，常勉勵自己說：「誓斷一切煩惱！」我問過很多人，也問過自己：「究竟在煩惱些什麼？」後來，我發現每個人所煩、所惱的，不是自己的「恐懼」、就是自己

的「欲望」，當我們學會把注意力轉移到別人需要幫助的地方，內心產生知足惜福的感受，沒有了恐懼、減少了欲望，自然會從內在升起願心和願力，引領自己從此從煩惱解脫，心無罣礙，一步一步腳踏實地，邁向自由自在的人生。

心胸寬大，實力堅強，

人緣自然就會好，

就可以化解惡性競爭。

以懺悔和寬恕
善待自己

CHAPTER 5

如何面對生命中的困境與意外？

「放下」和「放棄」，有什麼不同？

「堅強」、「逞強」、「頑強」有什麼差異？

人生有很多挫折的遭遇，其實就像是投射出去的迴力鏢，繞了一圈之後，回來碰觸自己身體或心靈最需要承擔的地方。這時候，心裡會出現另一個反作用力，只是每個人表現出來的力道不同。有些人碰到挫折的時候，反應出來的是生氣、埋怨或是失望；有些人則會因此而產生更大的勇氣，面對挫折，檢討自己，得到更多的成長。

挫折的迴力鏢，並不一定繞經外面的世界，它也有可能是走內心的路徑。換句話說，挫折有可能經由環境或別人，傳遞到自己的身上，但也有可能是自己內心的作用。

有些卓越人士，在別人的眼中可能是已經很圓滿，他卻覺得自己被某些東西困住。或許是對自我的理想很高，希望按照自己的計畫完成目標，但結果並不如預期的那樣順利達成目標，他就會覺得很受挫，甚至還歸咎於命運，找風水師、命理師來改運。

聖嚴法師認為：「把挫折歸諸於命運，是宿命論者，不是佛教的態度；佛教主張的是因緣論，因緣論就是要不斷努力。挫折或失敗的原因，是沒有努力、努力不夠、或努力的方法錯誤。」

「宿命論」與「因緣論」最大的不同是：前者碰到挫折時，沒有客觀地檢討自己、分析原因，委曲地接受已經發生的一切，對未來的種種可能性，表示無能為力；後者則是在挫折中找方法，自求生路，或懇請有經驗的人提供諮詢，虛心地接受現狀，對於未來的事盡力而為。

　　如果遇到挫折，不加以檢討或思考，就推說是命運，等於是向命運低頭、投降，任由自己被命運擺佈。

　　抱持「宿命論」的人，不但很難成就大事業，連小事業都不容易成功。

　　聖嚴法師提醒：「天上不可能無緣無故掉下食物、衣服、黃金、寶石，每件事情都必須要靠自己去順勢而為或者乘勢努力，如果因緣還不夠成熟，要自己積極去讓因緣成熟。」

| 62 |
要怎麼讓自己擁有
走出困境的勇氣？

多讀書、多向專家請益，可以促
使因緣成熟。

　　碰到挫折時，每個人的智慧和經驗都是有限的，但只要
願意主動找方法，例如：勤於閱讀、聽演講、向專業人士請
教、甚至願意花錢聘請顧問……這些都是主動促使因緣成熟
的方法。

　　佛經裡講因緣，緣起、緣滅，是自然的法則。但是，自
己主動積極的態度，還是最重要的。如果，不勤於讀書增長
智慧，不注意環境的變化，不向學有專長的人學習，就不會

發現因緣在哪裡。

聖嚴法師在金山籌建法鼓山的過程中，波折也很多。剛開始的時候，還找不到合適的地點呢！除了求禱於觀世音菩薩之外，還要透過很多人幫忙，覓地、籌錢，規模粗具之後，由於出家弟子並不是人人都懂經營管理，因此邀請在家居士來協助，包括：購地、建築、舉辦活動……克服一個困境，接著克服下一個，漸漸地等到因緣俱足，當初計畫的事情就慢慢成形了。

遭受挫折，只要願意努力，腳踏實地，還是可以東山再起。 聖嚴法師記得，早期有一位來聽他講經的弟子，年約四十來歲，是靠房地產生意發跡的。有幾年，台灣的房地產在突然之間崩盤，這位弟子的資金全部被套牢，向銀行借貸無門，過去的榮華富貴化為烏有，全家人過著三餐不繼的生活。

聖嚴法師勉勵這位弟子：「你年紀還輕，有東山再起的機會！」由於，他平常做事就是個很負責任的人，所以朋友還是很相信他。面對債務，他把家裡的一切能賣的全部賣掉來還債，大家知道他沒有故意惡性倒債，也沒有逃跑。他的信用還在，因此有機會再站起來。幾年後，他真的度過難關，重新振作起來，又恢復了過去的光彩。

| 63 |

遭遇重大挫折與困境時，
要用什麼心態去面對？

運用勇氣，面對它、接受它、
處理它、放下它。

　　聖嚴法師為了勉勵遭遇挫折的人，曾經提出「四它」的口訣：「面對它、接受它、處理它、放下它！」可是，真正碰到人生重大挫折時，還是覺得很難做到。

　　於是，進一步請教聖嚴法師如何落實「四它」？他說：「還是要從勇氣開始！」

　　遭受重大挫折或人生變故，大多數的人在一開始都不想去面對，總覺得面對是很痛苦的事情。但是，只要理性地

想：**不管多麼困難、多麼痛苦、多麼危險，還是要多努力面對它。否則，愈是逃避，麻煩愈大。**

因為受到牽累的人，會緊緊地追討你，像「如蛆附骨」般黏著你，糾纏不清就為了想討回公道。不如就勇敢面對、道歉，並且承擔責任。

向對方說：「對不起，我做錯事，說錯話，請你諒解。我很希望能夠彌補這個錯誤。」當你現在有能力彌補就立刻付出，萬一現在還沒有什麼能力，就先請對方諒解，等到有能力的時候，再回來補償。

也許對方在一時之間，還不能夠接受或原諒；但是，只要時間久了，認錯道歉的態度，依然很誠懇，總有一天會得到諒解。

願意主動懺悔，就是一種勇氣的表現。

面對重大挫折與困境時，
我們最該需要認錯道歉的對象，
其實是自己。

　　那些蹉跎光陰，導致一事無成；沒有正常飲食作息，鍛鍊身體，以至於百病纏身；未能珍惜相遇，建立良好人際關係……檢討這些挫折發生的原因，其實關鍵都是自己。

　　有位朋友去做身體檢查，發現自己罹患癌症，當下他第一個想法是：「為什麼是我？」他認為這不是自己的錯，因為他沒有特別去吃什麼不好的東西，或做一些不健康的活動，偏偏他就是碰到這樣不好的事情。

　　但是，因為他平常勤於閱讀，吸收很多正確的常識，知道癌症患者比例逐年在提高，跟環境汙染有很大的關係，會致癌的食物、空氣、飲水……太多了，每個人不論多麼小心，都可能罹癌。

　　於是，他有了第二個想法：「為什麼不是我？」

　　開始全面檢討自己，發現平常工作壓力很大，可能影響自身的免疫力，比較容易接受這個現實，開始配合醫生的建議進行積極的治療。

願意主動懺悔，
就是一種勇氣的表現。

|64|
用什麼角度去解釋因果？

　　佛經裡的一段故事：釋迦牟尼佛有個兒子叫羅睺羅，因為在前世孩童時，曾把青蛙、小蛇塞在洞裡，關了六天，實在太頑皮，所以罰他在母親肚子裡待了六年才出生。但是，這類的因果故事，主要是勸人向善。現代佛法強調因果，是希望鼓勵大家向前看，而不是回頭用因果解釋過去。

　　在現實世界裡遭遇的事，如果完全用因果來解釋已經發生的業障，對解決眼前的問題，根本無濟於事，甚至還會被騙錢去做些號稱可以「消災解厄」的事。

　　不要用因果論去解釋過去已經發生的事，不論因果關係再清楚，已經沒有辦法挽回，完全無濟於事，也沒有辦法解決問題，現在怎麼處理，比較重要！事情發生以後，決定用**什麼方式處理，才能解決眼前的問題，甚至影響到未來更深遠的一些變化。**

> 因果的應用，是在處理當下及未來的事，而不是解釋過去；否則，就變成用因果來推卸責任，對處理現在的問題毫無幫助。

　　在處理問題的階段，應該要留意的是：找到正確的方法。努力，還要用對力！也有一些很有誠意、也很努力的人，他們願意積極處理問題，可惜用錯方法。譬如，借錢還債，不積極想辦法先跟銀行協商，卻直接去找地下錢莊，然後利滾利，讓問題變得更嚴重。

　　當事情已經盡力處理過了，不論結果如何，就應該放下它。

　　譬如，被蛇咬到，就醫處理好，蛇毒已經消了，可是皮膚的傷口可能會留下疤痕，短期內不會消失，不要老是去看那個疤痕，只要不再注意它，不去抓它，心裡不要牽掛它，無論它是否會漸漸消失，都不會影響你的心情和生活。

| 65 |
該繼續堅持，還是斷然捨棄？

別因為不甘心的情緒，做困獸之鬥，而繼續留在原地耽誤自己。

聖嚴法師分享他在日本的見聞，年年考試都沒被錄取的叫做「浪人」，第一年考不取叫「一浪」，第二年考不取叫「二浪」，到了第三年還考不取叫「三浪」。到了「三浪」還考不取，多半就放棄了。找個工作，從基層做起，即使只有小學畢業或中學畢業，還是一樣能夠生活，甚至創業，將來成為一個企業家。

　　如果，年年考不取，還是堅持考到老，不會變通想法，去學點別的技藝，這就是「放不下」的愚癡。

　　遭遇挫折或困境，應該盡量去努力嘗試。**若已經盡全力，仍無法達到目標，就不要在原地鑽牛角尖，而是要找個新的替代方案，也許更適合自己。**

　　有個說法，叫做「包子理論」。有一個人去排隊買包子，聽說那家現做現賣的包子很好吃，他前面只有五個人，以為五分鐘就排到，沒想到前面每一個人都買一百個包子，結果他排兩個鐘頭，還沒買到。排到最後他已經分不清楚，到底是因為包子太好吃，或者是他排太久不甘心，才堅持一定要買到包子。

　　不甘心，只是一時的情緒，不是理智的判斷。很多賭徒，剛開始也都是因為輸得不甘心，最後才傾家蕩產。到底要堅持多久，才離開？必須要蒐集更多資訊，並且評估當時的環境、和自己的條件。排隊買包子，應該要先問問排在前面這幾人要買多少包子？包子店還能夠供應多少數量？不要光靠熱情或意氣，要很理性去評估。就像股市投資，要設定「停損點」，適時認賠了結，才能保住最後的資金。千萬別讓不甘心的情緒，誤導了該重新出發的勇氣，和該調整的方向，否則賴在原地，只會失去更多。

| 66 |
捨己為人，是癡愚、或是勇氣？

　　勇氣，需要理性的評估作為基礎。只憑一時情緒而做的決定，是盲目的衝動。當然，不是每件事都要有百分之百的勝算才能夠去做，如果那麼有把握，就不需要勇氣。但是，至少要有六成以上的信心水準，才放膽去做。否則，就是暴虎馮河，有勇無謀。

　　把勇氣發揮在公益的事情上，儘管力量很微薄，但不趕快開始就會來不及，自己還是願意投身去做，抱著「雖千萬人吾往矣！」的精神，藉此號召更多有志之士加入。有計畫性地一步一步推動，這仍可以算是勇氣的表現。

　　聖嚴法師引述禪宗的公案「香嚴上樹」，說明勇氣的最高境界，其實是為了理想，連自身的生命都能割捨。

　　香嚴禪師為了測試學禪的人，看看他們想要得到開悟的決心究竟有多麼堅定，提出了一個無中生有的問題：「倘若

爬到懸崖峭壁上面，那裡長一棵樹，這棵樹斜斜的長在峭壁上，要腳不踏枝，手不攀條，而只用嘴巴含著樹枝來支撐身體，這時有人問道於你，是答或不答？」

有人說：「問話的人，問的不是時候，可以不答！」

又有人說：「回答問題不必用口，打個巴掌也是回答！」香嚴禪師聽了哈哈大笑，發現這些學禪的人都有自己的想法，沒有落入思考的陷阱。

聖嚴法師則重新用另一個角度來解釋這個公案：如果口銜樹枝時有人問道，回答就能幫助對方開悟，即使葬身谷底都願意去做，這就是勇氣。禪宗講的勇氣，就是放下。能放下自我為中心的念頭，即是開悟。

重新詮釋這段公案的用意，並不是教人為了表現勇氣而隨意放棄生命，而是提醒我們──

要有遠大的理想，有決心，有謀略，配合周全的計畫，才能成就真正的大事。

| 67 |
大環境停滯的時候，
該怎麼讓自己成長？

> **用更多的時間去等待，
> 沉住氣，也是一種勇氣。**

人生有幾件事情，特別需要勇氣。第一，是突破困境；第二，是懺悔過錯；第三，是寬恕別人。

突破困境的勇氣，來自對事實的認知。「天下沒有白吃的午餐！」取得偉大的成就，就必須要付出巨大的代價。包括：付出時間、金錢、心血、精神的折磨……，不願意付出代價，就想獲得成就，這不是理想，而是妄想。

聖嚴法師特別提醒一個常被忽略的觀念。**所謂成功的代**

價，可能在取得成就之前就付出，或者過程之中要付出，當然也可能是在取得成就之後付出。

有了願意付出代價的勇氣，不見得就能夠突破困境，有時候是因為環境的變遷，必須調整自己，用更多的時間去等待，沉住氣，也是一種勇氣。

聖嚴法師原本要報考閩南、重慶佛學院，後來時局動盪無法如願。不但佛學院都已經關門，連出家人的身分都很難保持。大時代的改變，令人不得不有所妥協。在那種情境下，想要繼續做和尚、弘揚佛法是很困難的事。聖嚴法師只好帶著出家人的衣服，跟隨軍隊到台灣，在軍中待了十年，這十年中每天都期望著有朝一日能夠恢復出家人的身分。

這是個困境，而他也接受了，並且運用困境來充實自我，透過閱讀及寫作來讓自己成長。十年這麼長，聖嚴法師能夠堅持信心，不退轉，最主要的原因是自己的決心和勇氣。

以勇氣突破困境，可以帶來樂觀的力量，讓人忽略眼前的不如意，直接眺望未來。

信心、希望和勇氣，是三位一體的力量。聖嚴法師認為，這就是有信仰的好處，不看眼前的艱苦，只看未來的理想。虔誠的信仰，並不僅是為了解決過去所受到的一些委屈或痛苦以求解脫，而是要鼓勵大家勇敢地看未來。

| 68 |
即使是無心之過，也需要懺悔嗎？

　　面對錯誤的懺悔，需要極大的勇氣。多數人之所以選擇逃避，是為了不想暴露內心的懦弱。有些人明知道自己有錯，可是沒有勇氣去承認；有些則是根本不覺得自己有錯。

　　聖嚴法師說：「懺悔，是非常重要的修行。也可以說是修行的過程中，必須要具備的條件。」**因為犯錯，傷害到別人，當然需要懺悔。如果自己覺得沒有錯，但是對方感覺不舒服，同樣也要懺悔。**有時候，我們明明是一番好意，對方卻覺得被冒犯，說者無心，聽者有意，這也需要懺悔。

　　在路上碰到多年不見的朋友，好意問候他的近況，還關心他的太太和小孩，但很不巧地，他正窮途潦倒，債務纏身、妻離子散，每句問候，聽在他耳朵裡，都像是在挖苦。道別之後，對方可能耿耿於懷，結怨在心。既然，對方在感受上受到傷害，就要跟他懺悔。

> 懺悔，向那些受到無意的傷害而感到不快樂的人道歉，彌補對方的損失，並承諾不會再發生同樣的事，取得對方的諒解。

　　媒體曾報導一則真實事件，主角是一對師生。因為老師四個字的評語，讓學生耿耿於懷，老師卻在毫不知情之下，被報復了二十個寒暑。

　　當年學生即將畢業，老師在成績單上寫了「宜養大度」四個字勉勵他，希望他能夠培養更恢弘的氣魄。學生看到這句評語，認為老師在羞辱他，記恨在心。連續二十年來，學生每天晚上都打惡作劇的電話騷擾老師。後來造成老師恐慌，半夜都不敢接電話，以至於發生一件遺憾的事。老師的母親因病被送去急救，親友通知老師去醫院，老師以為又是騷擾電話不敢接，所以錯過去醫院看他母親最後一面的機會。

　　二十年後，學生主動跟老師懺悔。老師很心疼因為自己的一句評語讓學生難過了這麼久，反躬自省，也覺得自己以後寫評語要更謹慎。

| 69 |

為什麼懺悔可以產生積極的力量？

願意向別人懺悔，
就是有勇氣對自己負責。

　　有時候，我們對一些事情可能覺得自己很光明磊落，並沒有對不起任何人，卻讓對方在心中難過了很久。需要懺悔的事情，不見得是自己做錯，就算沒有做錯什麼，只要對方感受不好，就需要懺悔。

　　而懺悔的對象，也不一定是身邊可以看見、或接觸到的人，即使沒有特別做什麼錯誤的事情，但是冥冥之中事情無法順利完成，碰到許多障礙，很可能是基於宿世的業障，無形的眾生來阻撓，這些都是我們該懺悔的對象。

　　在基督教或天主教，信徒常會去跟神職人員告解、懺悔。神職人員保證守密，絕對不會講出去。但是，神職人員也是凡人，如果不小心講出去，對當事人將會造成困擾。佛教則比較鼓勵信徒去跟佛懺悔。聖嚴法師也不會想知道信徒們究竟犯了什麼錯，請他們自己向佛懺悔，要他們自己對佛自新。

　　我們常會不自覺地說錯話、做錯事，無心之過得罪了別人。如果不知道要對誰懺悔，就對佛懺悔。

　　佛教徒每天做功課的時候，會念懺悔偈：「往昔所造諸惡業，皆由無始貪瞋癡，從身語意之所生，今對佛前求懺悔。」向佛證明自己懺悔的心，承認過去所做的惡業，希望今後不要再貪瞋癡，更不要因為這種心態而傷害別人。

　　懺悔，是對自己負責！而且，是對那些被自己辜負或虧待的人，誠懇地道歉，不但要承認錯誤，而且表達願意彌補傷害的意願，並提出具體的做法。

| 70 |

向自己懺悔，
可以帶來什麼樣的改變？

懺悔的對象，還有一種，就是對自己懺悔。

自我的行為不一定有冒犯別人，如果不夠用功、不夠用心，荒廢應該要精進的課業，就應該要對自己懺悔。因為平時疏於準備，當機會來時沒有好好把握，當好人迎面而來卻沒有好好珍惜相遇，也該對自己懺悔。

另一種需要對自己懺悔的時候，是因為很多錯誤的發生，每個人都是共犯結構的一環，所有的人也因此而受到傷害。這種懺悔，是**要向全世界懺悔、對所有的人懺悔，但這個懺悔的目標好像不夠集中，不妨回到內心，對自己懺悔**。

聖嚴法師提到：「環保，就是很典型的例子。」地球是被全體人類一起破壞的，每個人都有責任。所以要對自己懺悔，承諾今後不再破壞環境、不再製造垃圾、不再浪費資源。

　　資深的作家陳之藩先生曾經說：「要感謝的人太多了，就謝天吧！」聖嚴法師談到懺悔，讓我想到這個句子可以再延伸為：「要懺悔的對象太多了，就向自己懺悔吧！」

懺悔，最主要的作用，在於自我反省，因為改過而獲得成長。
即使受害的對方不知道、不期望、或不要求補償，懺悔都是有意義的。

　　有些人，很誠懇地懺悔，每唸完一遍經文，就要迴向給曾經被傷害的對象。他們覺得：雖然不知道自己得罪誰，或做錯什麼事影響誰，透過向佛懺悔，可以把這顆悔過的心，感應給那些被傷害的人。雖然這只是自求心安，能不能夠讓受傷害者得到感應？是另外一回事；但是，對自己來講，很誠懇的反省，就有獲得成長的機會。

| 71 |

懺悔之後，
還需要付出什麼行動嗎？

除了悔過之外，還要彌補對別人造成的傷害。

　　做錯事情，向別人道歉，其實對方並沒有實際得到什麼，因此，懺悔最主要的意義還是回到自己身上，藉由改善自己的缺失而成長。

　　在懺悔的過程中，可以讓你放下自我中心，讓犯錯所帶來的後悔、怨恨和煩惱，能夠得到解脫。

　　懺悔的同時，如果發現自己有虧待別人的地方，就需要好好彌補。

不只是看自己有多少能力，還要看對方有什麼期望。

有些人受害之後，只希望不要再被打擾，以免掀起舊日的傷痛；有些人需要精神或名譽的補償；有些人則是要求金錢的回報。

傳統的彌補方式之一，是在公開的平台上道歉，除了讓大家都知道你在懺悔、在道歉，也讓受害者的名譽或情緒得到平復。

若是物質或金錢的補償，就需要雙方好好協商。然而，有些遺憾是精神和物質都無法彌補的，需要受害者用更大的胸襟去原諒，否則就算曾經加害的人已經懺悔，也願意補償，彼此卻都無法釋懷。

懺悔，跟論語中說的「一日三省吾身」很類似，不過，聖嚴法師認為：「反省是一種懺悔的工夫，但是，懺悔比反省更深入一些。反省，是我做錯了事，知過必改！但是，懺悔是要承擔責任，不只是改正錯誤，重要的是：如何彌補過失？」

彌補過失，有兩種方式：一種是對被傷害的人進行補償；另一種是自己努力幫助其他的人。尤其當對方已經不在人世，或者找不到他，或對方還是很生氣，不肯接受補償，就努力對社會其他的人付出，做出補償。

| 7 2 |

如果無法獲得對方寬恕，
該怎麼辦呢？

> 懺悔和寬恕之間，需要透過彌補
> 來縫合彼此的裂痕，
> 但不必存在「一命償一命」的對
> 等關係。

　　至今台灣還有個比較敏感的族群問題，其實不一定是
民眾真正的對立，而是被某些別有企圖的政客一再挑起的仇
恨，故意撕裂族群的情感，想藉由雙方的衝突，坐收漁翁之
利。每當選舉到了，就有人會刻意製造對立。以意識形態把

台灣民眾的身分認同做切割，不但沒有去平撫彼此的傷痕，還擴大解釋，製造更深的仇恨，和更大的對立，只有操弄族群的政客獲得利益。

很多過去曾遭受迫害的事件，並非不能碰觸的歷史傷口，只要懷著正向的、悲憫的、反省的態度，去探討事實真相、避免重蹈覆轍，立意都是良善的。但是，某些政客不懂得懺悔，反而在繼續玩弄、消費民眾的傷痛。即使，這個事件被傷害的人、和加害人的人，都已經不存在人世，還是刻意想辦法讓他們的子孫繼續對立。

我在主持廣播節目時，曾經跟聽眾分享一個判斷的方法。不論聽到誰提起歷史上的衝突事件，如何描述他所認知的情形。如果你聽完他的言論之後，感覺自己的心是平靜的、悲憫的、寬恕的，感覺心中的煩惱正在慢慢解脫，代表這個言論在你心中的反應是正向的。如果你聽完他的言論之後，感覺自己更緊張、更生氣、更想要去報仇，這就是對你不好的言論，也可能是不健康、或不客觀的煽動。

犯錯的人，必須懺悔；受害的人，要能寬恕。懺悔和寬恕，都是勇氣的表現。懺悔和寬恕之間，可能需要透過彌補來縫合彼此的裂痕，但不必存在「一命償一命」的對等關係。「一命償一命」是報復，不是寬恕。

| 73 |

若輕易原諒對方，
豈不是縱容他犯錯？

每個人剛出生的時候，都像一張白紙。後來會變成好人、壞人，是從小環境的感染、薰陶，而漸漸的產生善、惡的念頭，形成善、惡的行為。即使是壞人，還是可以用教育感化，協助他們把觀念調整過來，改過自新之後，還是可以變成好人。

很多文明的國家，已經實施這樣的感化教育，即使是殺人犯，進了監牢，如果他能夠受感化而改過自新，不一定要定他死罪。少數完全不受教化的頑劣份子，則屬例外，是否能赦免其死刑，還有待社會多元意見的整合。

有一個商人，他的生意做得很大、很成功，但是，太太卻在路上被車子撞死。肇事者是個計程車司機，表示車子失控才釀禍，並不是酒後駕車、或粗心大意。

　　這位商人相信肇事者的供詞，並且在法庭上向法官求情：「即使判他重刑，我太太也不能死而復生，但卻會讓他的家庭破碎，還是請法官高抬貴手別判他重刑坐牢吧！」這位計程車司機非常感動，因為得到寬恕，而體會到人生更深刻的意義。

　　這個寬恕的實例，來自受害者的慈悲。他懂得設身處地為對方著想，自己體會到失去太太的痛苦，也不忍計程車司機的家庭為了無心之過而破碎。無論這位計程車司機被關幾年、或被求處死刑，對他來說，都不是補償，反而是讓另一個家庭受害。他的悲憫之情，讓寬恕的心，展現人性良善的光彩，自己得到的解脫，比對方獲得的減刑，更顯得珍貴。

學著把寬恕的對象和他所犯的錯分開。
他的犯罪行為，交給法律處理；毋須記恨他一輩子，否則讓自己太痛苦。

| 74 |

對方大錯造成難以抹滅的陰影， 我還是得寬恕嗎？

> 寬恕的作用，
> 不只是為了慈悲或為了對方，
> 而是讓自己得到真正的解脫。

　　寬恕，是人性中難能可貴的情操；但也很不容易獲得。尤其，如果被對方傷害得很深，寬恕就顯得更困難。

　　至今仍活躍於電視圈的資深藝人白冰冰，日前還因為翻唱宇多田的日文歌 First Love，引發網友熱烈討論。她呈現在電視螢光幕前，穩如泰山的自在和勇氣，其實經過深刻的人

生歷練堆積而成。很多熟齡的觀眾可能都記得，當年轟動台灣全社會的一則命案，是她的女兒慘遭歹徒綁架、殺害、棄屍。這份傷害和痛苦的記憶，絕不是一般人能夠體會。

誠如許多社會悲劇事件的家屬，在內心留下永遠無法抹滅的陰影，即使事隔多年，依然找不到原諒歹徒的理由。就算罪犯最後都伏法了，還是沒有辦法撫平家屬的傷痛。所有深厚的親情，一旦被殘酷的犯罪手法摧毀，教任何人都難以釋懷內心的悲傷，並沒有因為時光的流逝而減淡。

聖嚴法師提供所有受難者家屬，另一種思考的方式，他說：「家屬要把受害者當作菩薩化現，犧牲自己而幫助整個社會得到教訓、得到成長。也讓犯罪者知道，做壞事不會有好結果。」這些社會悲劇事件的受害者，都是菩薩的化現，犧牲自己的肉身，讓社會大眾上了寶貴的一堂課。如果受害者家屬能從多年來承受的痛苦中獲得解脫，以更慈悲的胸襟，擁抱蒼生的痛苦，將可以陪伴所有遭遇類似悲劇的人，藉此重新找回愛的力量。

只要能夠從佛陀的慈悲裡，得到寬恕的力量，人與人之間的深仇大恨都能慢慢化解。否則，痛苦糾結在內心，損失最多的，還是自己。

加害者，並不會因此得到更多懲罰；受害者，反而因此

跌落憂傷的萬丈深淵，永不見天日。

　　寬恕，從另一個角度來解釋，就是「不要拿別人已經犯了的過錯，來繼續懲罰自己！」如果不肯寬恕、原諒別人，只會讓自己更不舒服。

　　跟做錯事的人需要懺悔的意思一樣，對方不會得到什麼，純粹是自我檢討、自我負責；寬恕的作用，也不僅是為了慈悲或為了對方，而是讓自己得到真正的解脫。

| 75 |

被親密的人背叛，
該如何修補自己受傷的心？

　　感情的傷害，很難平復。有一位女性朋友，丈夫跟她最要好的朋友出軌。東窗事發之後她非常痛苦，沒有辦法寬恕。但是，為了顧慮小孩，她還是刻意維持一個完整的家庭。雖然，丈夫還是每天回來家裡，她堅持跟他分房而睡，相處都困難了，更別說寬恕他。

　　聖嚴法師建議，太太應該讓發生外遇的丈夫冷靜一段時間，觀察他是否真正回心轉意，如果丈夫已經徹底悔改，兩人應該商量好如何繼續下去，彼此都要改變相處的模式，讓家庭和諧。這不叫「破鏡重圓」；而是重新經營感情。「破鏡重圓」還會有裂痕；重新經營感情，則是換另一面鏡子，更能深入觀照彼此的內心。

　　倘若，丈夫無心悔改，甚至表示：「已經到這個程度，

我也不想回頭了。」配偶無法相處到已經變成怨偶的地步，兩人之間的怨恨愈結愈深，對子女影響愈來愈大，這樣的婚姻就不值得維繫下去。本來佛教徒是不主張離婚的，但是冤家宜解不宜結，當夫妻感情已經沒有辦法挽回的時候，就是分開比較好。

學習放手，讓已經不愛你的人離開你，也是一種寬恕的勇氣。

　　執著於他的好，和執著於他的錯，表面上看起來好像不太一樣，但對自己造成的傷害不分軒輊。當對方犯了背叛的錯時，不論兩個人要不要繼續在一起，往後還能不能繼續相處，都要先學會寬恕。

　　寬恕傷害你的人，用正面的角度去想，還要抱持感恩的心，是對方的傷害，讓你學習堅強；是對方的打擊，讓你更努力上進。

　　如果不肯寬恕，心裡總是有結，怨恨不平，老是記掛著，心中很不快樂，對自己是一種干擾、一種煩惱，不是智慧。如果能夠寬恕對方，把心裡的結打開，就有機會重拾快樂，至少可以讓自己更平靜一些。

寬恕對方，打開心結，

可以讓自己更平靜。

| 76 |
「堅強」與「逞強」的差別何在？

　　經歷人生種種的挫折，不論是突破困境時的艱難、懺悔對曾經犯錯的承擔、或是寬恕別人對自己所造成的傷害，都可以鍛鍊出內心巨大的勇氣，讓我們可以更樂觀面對人生的挑戰，活得更堅強。

　　堅強，不是逞強，更不是頑強。

　　倘若一個人沒有足夠的能力、資源，也沒有獨到的眼光，光是看別人能做，就覺得自己也能做，這就是不自量力。因為自知之明不夠，而盲目衝動，沒有智慧，一味地堅持，就是逞強。而頑強是從小造成的性格，自尊太高傲，對明明行不通的事，別人給他建議，他還不聽勸阻。

　　有句俗話說：「明知山有虎；偏向虎山行」，如果沒有搭配謀略和計畫，一意孤行，平白冒險，就是頑強。

　　有些人的言行溫文、有禮，卻被誤解為個性軟弱、沒有

真正的勇氣，
並非外在行為的剽悍或剛強，
而是內在的強韌與堅毅。

魄力，這是一般社會大眾對勇氣的誤解。

當代日本非常知名的建築師安藤忠雄，並非建築科班出身，二十歲後憑著自學的毅力及努力，而踏入建築界。他曾說過一句名言：「因為我沒拿過畢業證書，所以終其一生都在追求人生的證書。」

安藤忠雄主張：「有勇氣的人，才能對社會有所貢獻。」十幾年前，他曾經幫日本真言宗本福寺做擴建工程的設計。提出「水御堂」設計案時，由於顛覆寺廟建築傳統，負責審查的三十名信徒全反對。因為在他的設計圖裡，不僅沒有象徵權力的巨大屋頂，入口中央還規畫了一個很大的橢圓形蓮花池。後來，信徒去問寺廟裡的高僧，高僧反倒認為，蓮花是佛教起源，贊成這個設計。負責審查的信徒才改變初衷，欣然接受這個提案。而現今的真言宗本福寺水御堂，經常湧入許多民眾參觀、膜拜，非常受歡迎。

| 77 |
勇氣在人生的順境與逆境，
能發揮什麼不同的力量？

聖嚴法師說：「勇氣，不是粗暴，不是盲目，也不是跟人鬥爭，而是一股持之以恆、不屈不撓、精進不懈的力量！」所謂的「勇往直前」，並非沒有智慧的向前衝，而是該往前的時候往前，該退後的時候也應該退後。但是，心裡很清楚，此刻的退後，是為了將來能夠更往前。

真正的勇氣，是堅定追求目標的意志。不會也不該執著於一些小地方或小障礙。堅定但不執著，勇氣才能真正發揮作用。該堅定的是目標，該執著的是大方向的原則，而不是細節。碰到阻礙時，會想辦法解決，繞道轉彎，或等待時機，而不是硬著頭皮往前衝，弄到頭破血流，全身是傷。

追求目標的過程中，難免都會有些大大小小的障礙、挫折也許進度有些延緩，需要更多耐心，但只要大方向、原則

沒有改變，稍微妥協一些細節，並無大礙。就像有一些生物，會隨著環境、棲息地而變顏色，其目的就是為了要生存。

　　生存，是一個不變的原則。至於怎麼活下去，要會變通。不妨跟這些昆蟲學習適應環境的方式，牠們身段非常柔軟，卻十分勇敢。無論是處於逆境或順境，都需要勇氣。

> 逆境時的勇氣，能讓我們勇往直前；順境時的勇氣，讓我們更懂得戒慎小心，不會得意忘形。

　　釋迦牟尼佛被人稱做「大雄」「大力」「大慈悲」。「大雄」，是無畏的精神；「大力」，是沒有任何力量超過他；而「大慈悲」，就是所有力量的結合，產生大智慧。這就是精進不懈的一股力量，沒有人能夠阻擋、沒有人能夠破壞。如果有人想破壞，他就化為無形，等到壞人發現破壞不了，他就又出現了，不怕失敗，失敗了再來，這就是勇氣。

愛與被愛的取捨

CHAPTER 6

「愛自己」和「愛他人」

有衝突時該怎麼辦？

有時候，刻意吝惜，

「不給」對方，也是一種「付出」？

愛，必須是對等的付出嗎？

日漸黃昏，人車熙攘。下樓，過街，轉角。每天重複相同的動作，卻都可能有新的感覺。和聖嚴法師聊天之前，曾以為自己很懂「愛」了，沒想到回程路上，發現通往愛的階梯，又更上一層樓。

　　過去，我認為男女之間的情愛，必須是雙方對等的付出，有回饋的互動。其實，這世界上還有層次更高的另一種愛，是無條件的、不求回報的，這個層次的愛，叫「慈悲」。即使是兒女情長、親子相待，也該有這種愛的存在。

　　回顧過去閱讀不同宗教的經典，感覺佛教對於愛說得比較含蓄，不像基督教講愛時來得直接，無論是處處可見的標語「神愛世人」，或教堂婚禮中常聽見的「上帝使你活在世上，你當常常以溫柔端莊來照顧你的妻子，敬愛她。」「當

愛妻子，如同愛自己一樣。妻子也當敬重她的丈夫。」關於情愛的說法及指導原則，佛教彷彿含蓄內斂多了。

曾以為是因為東方人比較含蓄，不願意把「愛」掛在嘴邊，所以用了一個語意近似、但解釋寬廣的「慈悲」來代替。經過聖嚴法師的引介，看到佛經討論情愛的頻率和深度其實都很足夠，當紅塵男女深入領悟之後，可能就不會再為情所困了。

《大藏經》是一部智慧浩瀚的經典，述及愛的不同面向。大概可以歸納為三種不同層次的愛。如果，愛像洋蔥那樣可以一層一層剝開，毋須擔心最後會流下淚來，因為，慈悲的心，有如浩瀚的清水，當我把洋蔥浸入水中，再一層一層剝開，瓣瓣分明，清純潔淨，片片都是愛，不再嗆出淚水來。

| 78 |

優先把自己照顧好，是自私嗎？

具備真正獨立的能力，
才能鬆開心中的防線，
推己及人，得到解脫。

　　把自己照顧好，只要還能想到別人的處境，就不會流
於自私。有些人全心把自己照顧好，結果太專注於自己的修
行，過程中忽略了別人，因而變得獨善其身。自我修行時，
若沒有關心別人、沒有對別人付出，這種人就是自私，沒有
慈悲心。當自己能解決自己的問題時，應該想想別人也會發
生這樣的狀況。

　　自己有病，治好了，看見別人有相同的的病症，趕快去幫助他，這很自然的。反之，自己的病治好了，卻不跟別人分享治癒的過程，缺少了慈悲心。

　　事實上，太自私的人也沒有辦法真正解決自己的問題，因為他的器量太小了，很難徹底化解自己內心的不安全感。他的心中有防線，這條防線愈是緊密，城牆築得愈高，安全感愈差，任何風吹草動，他都害怕。

　　解決之道是：必須學會慈悲，關懷別人，鬆開心中的防線，拆除心中的城牆，才能得到真正的解脫。

　　多年前，我初次獨自到香港自助旅行，剛下飛機不久就碰到扒手，偷走了隨身的旅行皮夾，所有的現金、旅行支票、信用卡、回程機票、簽證、護照，都遺失了。那個瞬間，我的腦中一片空白。

　　直到通知警方前來處理時，開始做筆錄，我才清醒過來，告訴自己：「就當作是個特別的體驗吧，學會如何補辦這些證照，鍛鍊自己在身無分文的狀況下在香港活幾天，然後把這些經驗寫下來，可以教別人碰到跟我同樣的狀況時，該如何處理。」從那一刻起，我變得不慌張、也很勇敢，原來這就是慈悲的力量。

| 79 |

「放下」是否就等同「放棄」？

「放下」是繼續努力，
但不再煩惱牽掛；
「放棄」則是連該承擔責任，
都不想要肩負。

談到「放棄」，我想到另一相近的動詞「放下」。「放下」和「放棄」，究竟有什麼不同呢？

聖嚴法師的答案是：**放棄，是什麼都不要了，既沒有期望、也不再負責任。放下，則是把心理負擔與罣礙都先擱在一旁，但行動上並沒有停止努力。**

一位資深女性藝人的女兒離家兩年，音訊全無，再有消息時，竟是因為涉及網路詐財被警方通緝。她被窮追不捨的媒體記者逼著在鏡頭前發表言論，數落了女兒種種不是。

但如果可以的話，也許還有更周全的作法。她可以先忍住傷心和憤怒，對鏡頭說：「媽媽永遠愛你！有任何事，媽媽都跟你一起面對。」讓她女兒知道：媽媽可以暫時放下對女兒的太多期望，但永遠不會放下該有的責任和承擔。

在這裡的「放下」，是指媽媽放下對犯錯孩子的憤怒、怨氣，也放下對方的過失，但做母親的責任依然還在。心裡是放下，行動則不放棄。

當孩子迷途知返，媽媽就不要再唸她、罵她，不要再想過去的錯，也不要擔心將來會不會再犯，只要持續關懷照顧。「放下」是教人不要記著、掛著、唸著；而「放棄」是永遠不再管，意義截然不同。

| 80 |

如何擁有一段美好的關係？

　　生命如四季，有的人會來、有的人會走。

　　我們對自己愛的，都多所不捨，當愛變化了、所愛的人離開了，如何安頓自己的身心？

　　再看看男女之間的情愛，更像花開花落，感情結束時，又該如何自處？

　　發現愛從盛開到凋零時，每個人都會有失落感。

　　有時候覺得自己被遺棄，這時候，應該回到自己的內心世界，告訴自己：「故事到這裡告一段落，回憶是最美的。」

　　不要一直去想，這個情人有多好，我對他有多好，不要把自己和他連在一起。盡量轉移情緒，不論是看書、運動、找朋友聊天都好。

　　最基本的、也最重要的是：不要一直去想對方跟我在一起的話，我能夠對他多麼好，這就是自我中心太強烈。例

如：「如果她跟我結婚，她鐵定會過得很幸福啊！」「現在沒跟我結婚，他的損失很大啊！」倘若一直替對方覺得可惜，而不是祝福他有更好的結局，想法都過於負面。

　　最好的想法是，這段因緣到此為止，我不要再煩惱了，因為煩惱也沒有用啊。

愛的付出，
未必是要給對方很多東西；
愛的付出，還有另一種方式，
叫做：「愛的減法」，
盡一切力量去減除對方的煩惱、
壓力、期望、和占有，
而不是想給對方
太多感情或物質牽掛。

現代人常常要得太多、也給得太多，每個人都快要變成感情的暴發戶，如果能改用「減法」的觀念去愛，可能彼此之間的親密關係（像是戀人、親子），將會更歡喜自在。

一個被嬌生慣養的男孩，不斷向父母吵著要買東西，無意間讓他養成「會吵就有糖吃」的壞習慣。若是能調整為「減法」的觀念，就會想辦法幫助孩子降低對物質的欲望，轉移他對消費的注意力，改為對自己本身的創造力、或關懷別人的能力，可能，就不會繼續不斷地吵著要買東買西，甚至會因此而轉變個性，對自己比較有信心。

「愛的減法」也適用於分手的戀人。當對方提出分手，即使我還非常愛他，不是要為對方多做一點，而是想辦法讓對方「牽掛少一點」「煩惱少一點」「壓力少一點」，就不會糾纏於這段感情，對舊情過於執著了。

聖嚴法師常告訴前來禪修的人：

「你來這裡，不是我們要給你什麼東西，而是希望你要放下很多東西，在這裡聽到的東西，不要成為你的負擔。不要執著；應該放下。若不放下，負擔重，會痛苦。」

一般人來禪修，都希望能夠「得法」，想要回去之後比別人更有智慧。但這樣的想法是不對的，觀念要調整，禪修幾天回去之後，不是得到，而是放下！

| 81 |
最高層次的愛是什麼？

慈悲，是愛的最高層次，
足以跨越人心的藩籬，
及於一切眾生。

　　正因為強調：不分對象、沒有條件的愛，佛教的慈悲，成為一種與眾不同的特質。在古時候，由婆羅門教演變而來的印度教，他們的神將印度人民分為四個等級：

　　一、婆羅門，祭司：負責主持宗教祭祀之人（Brahmana，梵文原意是指神學掌控者）。

　　二、剎帝利，武士：是王室貴族。

　　三、吠舍，一般平民：泛指農民、商人、手工業者。

　　四、首陀羅，奴隸：終身受人使役。

　　印度教徒相信他們存在於一種必然的輪迴之中，無論自己屬於何種階級，唯有盡力完成該階級所應有的義務，才有可能尋求到解脫之路。

　　除了上述四種階級之外，還有層級更低的，叫做「賤民」，他們是道地的土著，沒有權利信神，也不被神所寵愛。連印度教的神都忽略的子民，卻只有佛陀慈悲地接納了他們。

　　佛教講究無條件的愛，包容度很高。漸漸地，影響其他的宗教。現在世界上的宗教，大部分都能尊重多元文化，包容各種種族。因為，其他宗教的領袖知道，如果只愛自己的信徒，排斥其他宗教的信徒，就太狹隘了。

| 82 |

俗世間的愛與佛法中的愛，
有什麼不同？

從「關懷、付出、照顧」的愛，
昇華為「平等的、沒有條件、
也不指望對方回饋」的愛，
就是愛的最高層級。

　　聖嚴法師認為：愛，最常見的形式是，父母對子女的愛、夫妻或情侶的愛、朋友或師徒的愛。這種愛的形式，有個特點，就是雙方都想付出關懷，不是為了自己想得到什麼，其中也可能有某種程度的犧牲、甚至占有的渴望，但基本上都還算是正常的程度，不會嚴重地阻礙彼此的發展。

　　比這個層級更次等的是「貪愛」，這種愛純粹是以個人的私利出發，愛的是對方的財產、地位、名利、榮耀、權位，若沒有得到這些好處，就無從愛起。愛，全然是因為自私的占有而存在，這種愛經不起考驗，是很薄弱的。

　　在佛法中，以上的兩種愛，都並不被特別鼓勵。**愛，是付出、關懷、照顧，沒有條件、不分對象。不能只愛自己相關的人，只愛自己的民族，或只愛自己的國家，而是要愛眾生。**當我所愛的對象，一律平等，沒有差別性的對待，從「關懷、付出、照顧」的愛，昇華為「平等的、沒有條件、也不指望對方回饋」的愛，就是愛的最高層級，叫做「慈悲」。舉凡眾生，都是可以付出愛與關懷的對象，這樣廣大的愛、無條件的愛、無限的愛，就是「慈悲」！

| 83 |
從愛到慈悲，是可望不可及嗎？

　　過去，不論我努力的程度有多少，頂多只能做到付出愛與關懷，不求回報，但我還沒能做到「一律平等」「不分對象」。

　　當愛可以到達慈悲的層次，令我感到既嚮往、又慚愧。

　　將近三十年來，我母親中風臥病，家裡需要聘請外籍看護幫忙。我很體恤她們從遠方離鄉背井來工作，把她們當家人對待，照顧她們食衣住行，寧可節省自己、也盡量對她們慷慨。雖然，歷年來聘用過的幾位小姐，有的非常認真、有的難免敷衍，我都期勉自己捨棄差別心態，以愛心相待，把她們當菩薩感恩；但這畢竟還是在家裡協助我照顧母親的看護呀，若要我對公寓中某位從不清理環境、時常飄出惡臭又造成噪音干擾的鄰居和顏悅色，可就相對地困難。

聖嚴法師面露慈懷地勉勵我說：「**慈悲的鍛鍊，本來就是由近而遠、從小而大、從淺而深。**」要看自己的力量多大，再慢慢向外推廣。例如：照顧好自己的家庭，對父母和子女每一份子，都付出平等的愛。

> **真正的慈悲是：當對方需要愛時，我能力所及，就樂意付出；而不是取決自己是否喜歡。**

不能只因為我看得順眼，就多愛一點；看不順眼的，就少愛一點。很多父母偏心、對自己的孩子都不公平，有差別待遇，這就不慈悲。父母若比較喜歡聽話的孩子，不疼愛比較叛逆的那個孩子。這樣的雙親，就不夠慈悲。

因為，真正的慈悲，是不分對象、沒有條件的。

| 84 |

明明愛著對方，
但彼此還是會相互傷害？

無論多麼親密的關係，
只要摻雜了一點控制，
就會傷害彼此的愛。

　　如果不能做到真正的慈悲，即使親如父母、師徒之間的密切關係，還是有可能因為控制的欲望，而導致彼此的傷害。最常見的是，父母太愛孩子，期望太高，而產生控制的欲望。譬如：父親希望孩子繼承家業，母親希望兒子娶她認為適合的對象。在家人，父母希望子女繼承產業，光宗耀祖，代代相傳。出家人，師父希望徒弟傳承佛法，將未竟的志向，一代一代，接力下去。

　　想起往事，即使修行的程度和社會的地位都已經非常崇高，聖嚴法師的笑容裡依然保有天真的赤子之心。當回憶起他的師父，曾對他有過「螟蛉子」那樣的期望，希望能有人繼承志向時，聖嚴法師露出既心疼、又感慨的笑容，但嘴角仍掛著知足的幸福，我自以為是地把它解讀成「雖不負所托，但還要繼續努力」的心意。

　　《詩經──小雅》有一段：「螟蛉有子，蜾蠃負之，教誨爾子，式穀似之。」狩獵蜂自己不能生子，為了傳宗接代，牠會把螟蛉（一種青蟲）的卵帶回巢中，守在外面每天跟卵說：「你要像我一樣喔！」果然，隔一陣子從巢中孵出一隻小蜂。

　　只要是受中華文化薰陶的人，多半會有這樣的想法，不論傳的是家產、還是佛法，都是傳承的期望。相反的，西方人並無這種沿襲家傳的觀念，父母任由孩子獨立發展，只要孩子選擇適合自己的志向，活得快樂就好。

　　在美國，有位弟子跟聖嚴法師學佛，他的媽媽是律師，爸爸是醫師，他自己當木工，很自信地說自己在工作上已經是「Master」級（碩士或大師級）的專家，既擁有專業地位，賺的錢也不少。還有另一位優秀的弟子，是負責清理垃圾的服務員，他身體好、力氣很大。雖然父親是教授，但他覺得自己收垃圾並不丟臉，工作時間短，收入不錯，生活品質很好，有時間可以做自己想做的事。相較之下，華人社會對兒子特別要求繼承衣缽，讓親子雙方都很痛苦。子女找對象時，父母意見很多，不准娶這個，不准嫁那個，徒增彼此的困擾，雙方都受苦。

當控制欲太強，
就會破壞彼此的關係，
導致各自都有失落感，
實在是兩敗俱傷。

| 85 |

時常擔心著孩子的未來，該怎麼辦？

聖嚴法師少年時被送到狼山出家，是因為母親不忍他在貧困的環境中受苦，也找不到栽培他的出路，為了成就孩子的將來而捨得放下親情，這也就是一種慈悲。

不會抱著「親子就算窮在一起，也永不分開」這種執著，是很偉大的媽媽。相對地，很多現代父母過於寵溺孩子，捨不得讓他們吃任何一點苦，反而害了自己的孩子，耽誤他的前途，非常可惜。這種親密關係，是「愛之，適足以害之」，不捨，反而是個障礙。

這些年來，法鼓山也常有想要出家的弟子，面對父母的不捨，而無法立刻如願。聖嚴法師都會要弟子跟家長好好商議，自己並不介入親子的溝通，以免造成父母的不諒解，誤以為孩子受到別人的煽惑。

值得玩味的是，這些極力反對孩子出家的父母，都是虔

誠的佛教徒，甚至在法鼓山跟隨聖嚴法師多年，當他們看見別人孩子出家時都樂見其成，唯獨自己孩子要出家時，就會非常不捨。

　　這就是執著於親密關係，想占有、控制，迫使對方按照自己的期望去發展，雖然這也都算是正常的反應，但親情必須進化，才能放手。孩子長大了，無論他想做自己喜歡的工作、和自己心愛的人結婚，父母都應該尊重他的選擇。若要強加約束，不但無法達到效果，也會傷害彼此的親密關係。

　　不肯放手，幾乎是各種親密關係裡慣有的現象。我們常以為：緊緊抓牢才會得到足夠的安全感；卻忽略適時放手的重要性。就像學放風箏、學騎腳踏車，在放手的那一刻，彼此的親密關係才能開始延伸。如果緊緊抓住，不肯放手，愛就無法完整地建立。

　　教養子女之前，父母應該先教養自己。孩子兒時受到過度寵溺，長大了就容易變得沒有責任感，不知道如何適當地為別人付出，在人際關係和愛情相處，將遭遇很多的問題。

學會放手，才能讓彼此的關係進化，愛也能長久。

| 86 |

對感情一直缺乏安全感，
該如何是好？

安全感不在於
獲得更多親密關係，
而是建立信任。
包括：本身的自信，
以及相信別人。

　　這是個變動的時代，不安定的社會，現代人普遍都缺乏安全感。雖然，我們都同意，適度的愛可以給人帶來安全感，但一個欠缺安全感的人，卻無法經由獲得很多別人的愛而改善安全感的問題。

　　在愛情的追尋上，很多男女都以為更多的愛就能滿足內在空虛的自己，卻都沒有發現一個真相──**真正的愛，是我們拿來付出給對方的，而不是從對方身上拿回來填滿自己缺乏安全感所造成的空洞。**

| 87 |

面對婚姻，該期待怎樣的親密關係？
又要怎麼信守承諾？

結婚不再是嫁雞隨雞，
而是承諾要照顧對方一輩子，
彼此守護。

　　結婚，是一生的盟約，決定成為夫妻，就不要輕易提出離婚，這是彼此必須信守的責任。雖然這種說法乍聽之下似乎很保守，在此提出兩個層次的問題值得深思：

　　第一，是婚前有沒有足夠的了解和思索——關於愛，我們期待怎樣的親密關係？

　　第二，是婚後碰到問題時，我憑藉什麼力量堅持對這個承諾的信守？

　　然而，這兩個問題的答案，都指向：「慈悲」。

　　愛，既然是無條件的、平等的付出關懷，就不會因為這個對象有所改變，而影響我愛他的初衷。當情侶、夫妻的愛，提高到慈悲的層次，就算配偶做得不好，也不要輕言分離，給對方時間、給對方機會，也許會有不同的結果。

　　有位在醫院擔任護理師的女孩，因為長期照顧一個男性的慢性病患，而日久生情。她不但決定嫁給他，還願意長期照顧他。這就是一種慈悲心，即使明明知道他的身體需要調養，也沒有因此而嫌棄他。男方也很珍惜緣分，為了守護這份愛情，而更重視維護彼此的健康，承諾要互相扶持。這樣的親密關係，就十分珍貴。

　　另一位男人很癡情，太太在社交場合中碰到外遇對象，是個美國人。她私奔到香港，跟那個美國人同居。他雖然感到遺憾，內心卻也暗自覺得這個美國人很有眼光，因為太太確實很值得人愛。過了半年，太太倦鳥知返，兩人決定破鏡重圓。朋友取笑時，他卻說：「我該為自己慶祝，表示我的條件比那個美國人好！」

　　以上正反不同的兩個實例，後來都有美好的結局，聖嚴法師特別用以說明：現代夫婦結婚，選擇對象，不是抱著傳統「嫁雞隨雞，嫁狗隨狗」的心態，而是要用「一生一世照顧他，一生一世為他奉獻」的胸懷去相處。

愛，是無條件的、平等的付出。

| 88 |
當對方離去時，我的愛該何去何從？

　　信守承諾，的確是婚姻和感情能夠維持恆久的重要原因。但是，信守承諾必須是雙方共同的責任，如果只是其中一方單向的誠意，另一方卻執意要分開，該怎麼辦呢？

　　我代讀者提出一個問題，請教聖嚴法師，情境是：太太另有新歡，提議分手，這位丈夫很願意等她，但太太執意說不要在一起，堅決要離婚，該怎麼辦？

　　聖嚴法師的建議是，跟太太說：「我這輩子只愛你一個人，你不愛我沒關係，我自己愛你一輩子就好，我們的婚約，就當作紀念吧。你回來也好，你不回來也好，我的愛不會因此而中斷。」

　　然後，自己仍繼續為愛付出，當太太在外面發生狀況，就想方設法照顧她。把前妻當作是沒有血緣的家人，永遠以誠相待。

信守婚姻的承諾，意思是說：**愛的決定權，愛的責任感，都操之在我自己手上。我給對方的愛，始終不變。愛不在於對方相等的給予，而在於我個人付出的意願。**

愛，不一定要有相對的回饋。真正的愛，是無條件的、平等的付出。既然她是我太太，我就永遠愛她。

我刻意冒昧地提出反向的問題說：「這樣會不會太執著？」但，聖嚴法師毫不受影響地回：「這樣很美啊，人格上很美！」其口氣和眼神，充滿慈悲的浪漫。

所謂的「執著」，是當愛到達不了對方身上，卻用各種方式去糾纏對方。這樣做，就不是愛了，而是破壞自己、破壞別人，分寸還是要拿捏好！

再怎麼無條件付出的愛，也是要以對方的需求為前提。

如果，對方此刻不接受，就把這份愛、這份好意，放在心底。當有一天，環境變化了，因緣不同了，也許對方會重新發現對這份愛的真正意義，親密關係還是依然存在。

愛，不一定要有相對的回饋。
真正的愛，
是無條件的、平等的付出。

|89|
要怎麼做才能在關係中
穩定自持？

先學會和自己建立親密關係，自信程度足夠了，就能抵抗內心的恐懼。

　　從心理學的觀點來看，跟自己建立親密關係是很重要的，人出生時候就是獨立的個體，平常雖然有伴侶、有親友、有家屬，但每個人都是獨自的，而不是另一個人的附屬。

　　我們不可能跟另一個人完全志同道合，更不可能在想法或性格上完全相同。

　　可以期勉自己要與別人和諧相處，但最優先的，是好好照顧自己、認識自己，讓自己成長。

　　在任何狀況下，跌倒了，都能站起來，即使沒有人安慰的時候，能夠找到安慰自己的方法，就算沒有人攙扶一把，還是要鼓勵自己站起來。

　　每個人最親密的其實是自己，別人無法十分了解你，也無法隨時隨地伸出手來。

　　所以要照顧自己、扶持自己，如果無法做到的話，就常會跟自己產生衝突、矛盾，終日自艾、自憐、自毀。

　　懂得照顧自己的人，心情經常處於平穩的狀況，即使遇見大風大浪、碰到狂喜狂歡，都能泰然自處，不會碰到壞事就顯得十分落魄，碰到好事就得意忘形。

可以期勉自己要與別人和諧相處，
但最優先的，是好好照顧自己、
認識自己，讓自己成長。

　　畢竟，人生不可能永遠平靜，碰到問題不能老是期待親朋好友照顧，正因為「遠水救不了近火」，只有自己最曉得碰到什麼狀況時該如何處置，就能在當下找出最適合的因應對策。

　　人生多變化，遇到問題要水來土掩、兵來將擋，要未雨綢繆地設想：當問題發生時，我該怎麼辦？藉此鍛鍊自己處理事情的能力，才能應付得體，不會大起大落，狂悲狂喜，也不會有恐懼。

　　恐懼，是因為對自己信心不夠，對現實狀況不明瞭。如果，對自己信心足夠，就能從容面對，不會一直感到恐懼。

| 90 |
如何停止世界上的衝突？

　　愛的反面，不是恨，而是冷漠。不論是「冷漠」或是「恨」，都不好！故意表現冷漠，其實心理的疙瘩還在。而恨呢，會因為想要報復而引發衝突，更糟糕。

　　愛裡應該有恩，可是有些人一旦發現他給付的恩得不到對方的回饋，就會怨恨、報復，而被報復的對方會有更強烈的反應，彼此冤冤相報，形成「恨上加恨、仇上加仇」的負面循環。**若要化解仇恨，就要從慈悲的心開始。對心懷慈悲的人來說，寬恕和原諒，都是沒有條件的。**對方若把我當作仇人，只要我沒把他當作仇人。漸漸地，仇恨會愈來愈淡。

　　世界上仍存在很多商業的競爭、種族的對立、國家的仇視。他們也講愛，愛自己的公司、愛自己的政黨、愛自己的民族、愛自己的宗教、愛自己的國家。所有的衝突，也都是從愛出發。因為他們只愛自己，把別人當成敵人。認定敵人

就是會來破壞，為保護自己的利益，不惜升高衝突，甚至發動戰爭。

　　聖嚴法師曾說，**若要解決糾葛不休的衝突，首先要找到能夠共同利益的方法、共同安全的需求。**雙方坐下來談，共同的安全是什麼？共同的利益是什麼？很顯然地，這兩個問題的答案都不是戰爭，而是互助。彼此來協助對方欠缺的、不足的，彌補資源、智慧、文化不夠的地方，彼此能夠互補，世界就和平了。

　　反之，若互信的基礎過於薄弱，很可能今天跟你談，得到共識，明天就變卦不承認了。當個人的意識形態、信仰、理念，凌駕在彼此的利益之上，通往和平的道路，將加倍辛苦。

**唯有慈悲，
才能解決因為愛而引起的衝突。**

| 91 |

看破一切，
不就是對這個世界徹底失望了？

　　一位企業老闆，平常對同仁要求很嚴格，對利潤也很看重，每天汲汲營營，就想要賺大錢，辦公室的同事對他有很多抱怨，他的老婆和小孩也有很多委屈，他很清楚自己的處境。有個機緣，他聽了幾堂解釋佛法的課程，跟我說：「看破了，我這麼辛苦，卻得不到肯定，乾脆退休到山上種花。」

　　其實，這並不是真正的看破。大家以為「看破」是對某個人、某件事徹底失望了。佛法中所謂的「看破」，是說世事無常，一切都只是短暫的、臨時的。

　　聖嚴法師特別強調：「破，是把完整東西看成破的，把明明有的東西看成是虛幻的。當任何東西沒有完整，都是虛幻，就不會對它執著。」東西能夠用的時候，它就是工具，使用它來求便利。

倘若它壞掉了，也是正常的。

花雖然很美，其實也正邁向凋零，往往過了一夜，花就殘了。

真正懂得看破的人，是看到花很美的時候，就想到它從前只是個花苞，現在的美，只是暫時的美，很快就會成為過去。不會執著於它，更不會一心想要保存。它美就美、凋謝就凋謝，無常就是正常。

很多人愚癡，看到它美的時候，就想摘回來、想擁有它、保存它。等到它凋零了，又覺得可惜，內心難過。這樣的愛，就掉落到最下面的層次「貪愛」，陷入無限的苦惱。

懂得看破，才能提升愛的層次，昇華到慈悲的境界。正因為不執著於條件，不區分對象，毫無限制地平等的付出，關係才能恆常自然地存在。

佛法中所謂的「看破」，是說世事無常，一切都只是短暫的、臨時的。

| 92 |
該輕易接受別人的隆情盛意嗎？

聖嚴法師對我而言，是位道行很高的偉人。儘管，這幾年來，我們偶爾有些心靈上深度的互動，但正因為我對他的崇敬之心，總有些很難跨越的距離，存在於彼此之間。

印象最深的是，法鼓山邀請我去主持一場大型的晚會，我們同住一家飯店，清晨早起用膳，我都因為不敢打擾他而刻意避開用餐時間，等他吃完飯我才下樓。

當天晚上活動結束後，聖嚴法師被數以萬計的信徒恭送前往會場的出口，他卻折返到舞台中央，特別跟我說：「若權，謝謝你來幫忙。」他的謙懷有禮，實在讓我很不敢當。

又過了幾年，我在報上專欄裡發表了一篇跟生死議題有

勇於承擔別人惠予的付出，
將來才有分享出去的能力。

關的短文，不到五天就收到聖嚴法師親自用毛筆寫來指教的信，捧著那張薄薄的信紙，我感受他深深的情義。

那天，對談告一段落，我正要離開他的寓所，聽見聖嚴法師輕聲交代身邊的弟子：「桌上還有兩顆人家送來的水梨，留一個你們吃，另一個我要送給若權。」隨即看他親自提了紙袋，裡面裝了一顆碩大的水梨，彎著腰、送給我。

飽滿的水梨，盛裝豐盈的愛。它的重量和意涵，都超過了我所能承受，但是，既然聖嚴法師都放得下了，我又何妨擔得起呢？就讓這份好意化為彼此永遠的許諾吧，這是我對愛與親密關係的另一種覺悟。

初發的願心
有生命的歸宿

CHAPTER 7

人死後，去了哪裡？

嚮往西方極樂世界，會不會也是另一種貪欲？

「積善」和「還債」，兩者有何關聯？

如何「結緣」而不「結怨」？

人生苦短，但不如意事又十常八九，

如何安頓自己的心？

中學時讀到孔子說：「未知生，焉知死！」當時對生命的意義領悟不深，以為孔子是要我們活出「生」的意義，先不必去擔心「死」的事。年紀稍微長大一點，慢慢有了更進一步的體會，知道「未知生，焉知死！」的更深一層涵義，是教我們要活在當下，要好好把握生命的每一刻。

關於生死，這些層次的領會畢竟都還是很淺薄。二十幾年前，父親突然重病，住院四個多月之後離開人世。那段期間，我從害怕面對父親的死亡，到接受肉身終有使用期限的事實，認真學習死亡的課題，重新檢視生命的意義與價值，是一次很難得的經驗。

當時身邊有很多三十幾到四十幾歲的朋友，都跟我一樣，在面臨親友病故的過程中，滿懷難捨的心情與痛苦，試圖去了解生命到底是什麼？死亡又是怎麼一回事？這些疑惑帶來十分矛盾的心理掙扎。

沒有信仰的朋友，很難在短時間接受「西方極樂世界」「天國」的說法，他們既希望往生的親友能夠在肉身安息之後，靈魂永在，卻又不是很確定陰陽兩個世界會同時並存。而有信仰的朋友，未必能捨得讓往生的親友就此離開，甚至

還會不斷詢問：「神啊，為什麼他這麼好的人，不能多活一些時候？」

　　無法接受死亡，開始質疑生命，這似乎是人之常情。而且，這種質疑跟生者、死者兩者之間的關係深厚與否，有很直接的關係。如果，往生的人只是一般的鄰居、朋友，非親非故者，死亡的衝擊比較小，頂多就是嘆口氣，或心裡覺得惋惜。但若是至親好友離世，衝擊就會很大。

　　聖嚴法師認為，一般人面臨至親往生時，會產生一種內在的反省，過程之中心裡浮現很多疑問，這是很正常的。如果缺少信仰，將很難找到解答；有了信仰以後，至少有一部分的疑問能獲得解決；從這裡再繼續深入、往前走，就可以漸漸體會生命的意義和價值。

| 93 |

至親逝世後，
仍然會在我們身旁嗎？

不追問過去，不妄想未來，
只需把握當下。

　　一位知名的資深女作家在父親過世三年之後，依然無法放下心中的牽掛，她來到法鼓山與聖嚴法師會談。

　　聯合報及香港明報上刊登了兩位的對話實錄，分成「上」「下」兩次披露。

　　其中有一段對話，令我印象深刻。

　　聖嚴法師：「你相信你的父親從此消失不見嗎？還是你相信你父親的生命仍然存在？」

　　她回答：「我就是不知道我應該相信什麼。」

　　聖嚴法師：「通常的人在情感上，希望它是存在的。」

　　她說：「對，但是我們受理性教育的人，又會打一個問號！」

　　聖嚴法師接著又提點出現代人面臨生死問題時看待宗教的盲點——許多人很矛盾，一方面想獲得佛法的利益，但又不相信佛教講的因果。這些人是被理性、邏輯給障礙了，所以信仰進不來。

　　我比較幸運的是，從小到大很多神奇的靈感直覺讓我很容易就親近靈性學習，逐步建立信仰。儘管，我也曾懷疑過自己是否足夠努力，以便能確信父親往生之後，以另一種形式繼續他生命的行程；卻從來沒有懷疑過，信仰對於人往生之後靈魂不會憑空消失的論點。

　　不只是那位資深女作家會有這樣的困惑，我身邊有很多朋友在修習佛法的過程中，也常因為急於印證因果或輪迴的邏輯，而碰到難以跨越的障礙。他們的心中存在著簡單的問句：「如果你沒有辦法證明我的親人往生之後，去了哪裡、或透過某種方式跟我溝通意念，我就很難相信有所謂西方極樂淨土的存在。」

　　如何證明呢？

聖嚴法師表示，有些人是天生就擁有所謂的「神通」，有些人是靠後天的修行，因為禪定而得到神通。他們或許可以透過神通預言一些未來的事，或告知你某些往生的親友，離開人世之後的情形。儘管如此，還是信者恆信，不信者恆不信。

真正的佛法，並不是用來印證生死輪迴的真假，而是你相信它，就存在了！

也許，這些號稱「通靈」的人士，可以帶你穿越四度空間，回顧過去、眺望未來，然而，這究竟是催眠、幻術、還是魔術，或是真有其事？至今也沒有科學能證明。就算這些有神通的高人，能帶你去看前世，但你的前世還有前世，就算他能帶你往過去回顧前一百世、一千世，也未必能解釋得清楚這一百世、一千世之間錯綜複雜的因果關係。

只要相信，就存在了！

| 94 |
跨越生死，我們該相信什麼？

　　佛法主張：不要探究前世來生的問題，因為這個問題永遠問不完，**生死是無盡的，往過去回顧、向未來眺望，都是無盡的，既然無始無終看不完，就只看當下。**釋迦牟尼佛說法的主要目的，並不是要人們知道過去世是什麼，因為過去世還有過去世，永遠沒有辦法講得完，人在這一生的任務是要離開煩惱，得到解脫。

　　聖嚴法師以詼諧的口吻說：「因此，佛為了省得麻煩，怕大家來拜託他回顧前世、看後世，就沒有時間說法了！釋迦牟尼佛不講前生、後世，他只講當下的問題如何處理，讓自己心安定下來，煩惱就解脫了，這是最重要的事。」

　　就像聖嚴法師所說的：「信仰需要實踐，實踐就會有體驗，當你自己感覺到了，你不得不信。」

> 信仰是情感的，倘若信仰完全是
> 用理性的邏輯去推理，信仰就不
> 容易建立。

孔子說：「祭神如神在！」當我們祭拜先人，就是相信他是存在的，這個是信念給我們帶來安慰。這就是用情感，而不是用物質體來衡量。

關於因果和輪迴，我曾經以為「蝴蝶效應」是個很好的解釋。

一九六三年氣象學家洛倫茲（Lorenz）提出「蝴蝶效應」，論述某系統如果初期條件設定相差一點點，結果就會很不穩定，造成極大的差異。例如，一隻在南美洲亞馬遜河流域熱帶雨林中的蝴蝶，揮動幾下翅膀，兩週之後可能在美國德州引起一場龍捲風。

原理是：蝴蝶翅膀的運動，導致身邊的空氣系統跟著變化，並產生微弱的氣流，而微弱的氣流又會引起它四周空氣

或其他系統產生相對應的變化，因此造成連鎖效應，最後終於導致其他系統的極大變化。

但是，聖嚴法師認為，因果的解釋其實比「蝴蝶效應」更為複雜。

誰能解釋清楚，究竟是哪一隻蝴蝶引來了哪一場龍捲風？因果是無法證明的。只有信仰，才可以得到安慰。佛法的利益，是因為相信；不願相信，就沒有辦法。

聖嚴法師的開示，讓我更進一步理解自己不斷自省的必要，並且對生命的覺悟有更深一層的渴求。

信仰，並非透過外在的印證，而是內心的感應，情感的力量，大於邏輯的辯證。

> 信仰並不是毫無邏輯的，而是其結構太過精密繁複，無法在短時間之內用邏輯概念釐清。

| 9 5 |
想念的心情，可以傳達到
離開的人們身上？

只要自己與對方有所感應，
就是有用的。

至親的病故往生，是讓自己重新思考生命的價值，願意開始精進或覺悟的一個契機。大學時代，我有位很要好的同學，家境並不富裕，從軍隊退伍後，在家人支持之下，到美國去攻讀碩士學位。然而，他的母親卻在這段期間過世，沒有機會讓他盡孝奉養，更別說是享福了。這位同學，為感念母親的慈悲，從此一心向佛，三餐吃全素。另外，還有一位客戶，本來很愛玩，常同時劈腿亂交女友。自從他的父親罹

癌過世，他也突然悔悟，吃素學佛。

　　大約二十幾年前，家母突然中風，因昏迷而住進加護病房，為了幫她祈福，我養成吃早齋的習慣。父親過世，「做七」的儀式需要唸經，於是開始背誦經文，甚至還因為聽見法師唱誦經文能夠有平靜內心的效果，就跟著學習唱誦經文。

　　父親為人十分寬厚，寧可委屈自己、刻苦自己，也要慷慨地對待別人。他在生前很少主動接觸宗教儀式，他過世之後，我到寺裡幫他立個牌位，並且預約參加農曆七月超渡亡魂的法會。有一天清晨五、六點鐘夢見爸爸回來家裡，坐在客廳，我說：「您怎麼跑回來了？」他說：「對啊，回家裡看看！」我問他：「您要去哪裡呢？」他竟微笑地說：「我要回去念經！」結果，我從夢中醒來看日曆和時鐘，正好就是法會正式開始的當天。

　　聖嚴法師安慰我說：「你見到父親回來了，有很多人見不到的。」這代表我和父親之間有感應，但也可能只是恍惚之間的一種想念。

　　神秘的感應經驗，有的是身體上感覺，有的是氣流的反應，有的是心理上的投射……無論感應的形式是什麼，與彼此之間的緣分都有關係。

無論感應的形式是什麼，

跟彼此之間的緣分都有關係。

　　這個解釋，讓我想到另一個神秘經驗。之前，有位親友得腎臟癌，住院半年多。有天晚上，吃完晚飯，我突然跟媽媽說：「他可能快要回去跟隨佛祖念經了。」過了大約二十分鐘，就接到電話，這位重病的親友剛剛往生，這些看似巧合的事件，都是科學沒有辦法解釋的經驗。

　　基於這些特別有感應的體驗，我更想進一步大量閱讀聖嚴法師針對生死議題所撰述的作品，探索宗教對生死觀的主張，試著想要在字裡行間，找到從悲傷中解脫的智慧。

　　我曾在書上讀到聖嚴法師的母親因病過世的段落，儘管當時十六、七歲的他已經出家，得知母親往生的消息，他還是非常遺憾，覺得在母親生前沒有來得及孝順，她死後也不知道如何報答。哭了三天之後，想想母親已經過世，只能念佛、念經迴向給母親，並且發願要用母親生育給自己的身體，好好的對佛教、對眾生有貢獻，報答母親的恩惠。

　　念佛、念經迴向給母親，這個功課究竟對母親有沒有用呢？聖嚴法師認為，只要母子之間有所感應，就是有用的。但是，更具體的作法，還是把「奉獻自己、利益眾生」的這個功德迴向給母親，意義更為重大。

| 96 |
真的能抵達所謂的極樂世界？

在研究生死議題時，我跟大多數的朋友一樣，腦海都會浮現這個問題：「人死了之後到底去哪裡？」

會到「佛說阿彌陀經」裡說的西方極樂世界嗎？那裡真的是「極樂國土，有七寶池，八功德水，充滿其中，池底純以金沙布地。四邊階道，金、銀、琉璃、玻璃合成。上有樓閣，亦以金、銀、琉璃、玻璃、硨磲、赤珠、瑪瑙而嚴飾之。池中蓮花大如車輪，青色青光、黃色黃光、赤色赤光、白色白光，微妙香潔。」

其實西方極樂世界，並非物質世界，它是抽象的。佛經將其具體化，還描述得那麼美好，是為了誘導眾生，嚮往極樂世界。**西方極樂世界最令人嚮往的，應該還是著重於解脫煩惱之後，精神上的自由跟快樂。**

極樂，意思是從煩惱中得解脫。每個能夠從煩惱中得解

脫的人，都有機會可以成佛。所以「佛說阿彌陀經」裡提到無以數計的「恆河沙數諸佛」，就是勉勵眾生修行不退轉，都有機會成佛。**只要有智慧成就，每個人到了佛國都能有屬於自己的淨土，沒有空間及環境的限制。**

　　凡人往生之後，若能放下肉身，不再眷戀人世，就有機會因為功德圓滿而到達西方極樂世界。我們在常識裡的概念裡，每個地點都有方位、距離，而真正的極樂世界和紅塵俗世，在佛國淨土裡，是沒有方位、也沒有距離的。雖然西方有十萬億佛土，過了以後才是極樂世界，但是這很快速的，西方極樂世界並不遙遠，只要有感應，彈指之間就可以來回，是沒有距離的。

> ## 放下自我，捨棄所有眷戀，當下就能解脫，抵達永恆的極樂。

| 97 |

至親離開，
心中的悲傷會結束嗎？

　　父親過世多年，我很想念他。每隔幾個月，我和家人就會去安厝骨灰的塔位看看他，跟他說話。父親剛過世的半年，我曾因此而失眠，伴隨無助的悲傷、無由的痛哭……看過憂鬱症的門診，也靠靜坐和讀經安頓自己悲傷的心。漸漸地，恢復平靜的心湖，讓我一度分不清是理性的壓抑，還是悲傷真的已經離我遠去。

　　直到聖嚴法師說：「你在夢中看到往生的父親，也許他已經到西方極樂世界。」我才確實知道：原來就是基於這個信念，讓我在生死的煩惱中得到部分的解脫。每當誦經，總感應到父親在西方極樂世界，跟我一樣微笑以對，享受地回顧著我們曾有的一段父子情緣。

　　相信這件事情，需要幾個基礎：

相信往生的親人，會繼續他下一段的旅程，是安頓自己對生死牽掛最好的方式。

第一個基礎是相信父親是個很好的人，即使在世俗眼中並不完美，但在放下肉身的瞬間，他已覺悟而從煩惱解脫。

第二個基礎是我有粗淺但踏實的信仰，讓我相信人在往生之後，會繼續下一個輪迴。而好的修行者，從塵世出發之後，就是到西方極樂世界。

第三個基礎是對佛教有關生死輪迴架構有大致上的了解。佛教在發展的過程中，關於生死的觀點和儀式，有很豐富而深遠的演進，有的是採取印度婆羅教的傳說、信仰；有的是在釋迦牟尼佛說法的時候累積的；有的則是在佛教流傳的過程之中，和民眾生活習慣漸漸融合的。每一種說法都有它的背景和道理，而且大同小異，確定靈魂在離開肉身之後，會繼續下一站的旅程。

| 98 |
佛教七七四十九天的設定，
從何而來？

最後送行的儀式和誦經，
除了幫助往生者走進佛國淨土，
更是提醒自己，思考生命的意義。

究竟，人往生之後的靈魂多久之後才會轉世投胎、才會輪迴？在佛教的說法裡，是因人而異的。通常會下地獄的話，都是很快的，無須再等待時間，死亡之後直接下地獄。倘若，會升天到西方極樂世界，也是很快，直接就到佛國淨土。但是，轉生為人、動物或鬼，則會在七七四十九天之間決定。

　　根據天文學上的週期，西方人講一週七天，在印度也相信有七天為期的時間，所謂的「七七四十九天」，是說人死了以後，在這個期間之內會決定他靈魂的去處。快的話，第一個七天就會確定，如果沒有，則到第二個、第三個七天，第四個七天⋯⋯甚至到最後的第七個七天，都有可能。七個七天，也就是四十九天結束後，中陰身的階段結束。中陰身的意思是中間階段，還沒有確定要到那個「道」裡面去轉生為人、或為鬼。

　　很多家屬會在四十九天之中替往生者超渡、做佛事，替他佈施、為他修功德。家屬希望能夠以這些功德，在四十九天之中的緩衝期中，助往生者一臂之力，本來以他的資歷，可能還不夠到西天去，因為有超渡的功德，就可以到西天。有的人生前沒有學佛，過世之後大家替他念經、拜懺、念佛，他聽到了佛法，可能回心轉意，就能夠到佛國淨土去。

　　這四十九天，不只對亡者有意義，當家屬藉由佛法的儀式、法會或誦經等，正好可以反省自己，思考生命的意義與價值。當然，也能夠藉由這些儀式撫慰內心的悲傷，提醒自己要珍惜當下，好好活下去。

| 99 |

如何轉化人生受苦就是還債的負面情緒？

聖嚴法師表示，從被動而消極的觀點來看，受苦受難就是還債。過去不知道是哪幾世，我們所虧欠的絕對不只是一個人，而是虧欠許多的眾生，所以用這一生來還債，也是應該。但是，如果用主動而積極的觀點來看，受苦受難其實是在「還願」，而不是「還債」。

或許，在過去幾世，我們曾經發願，要積善、積德，幫助人群、幫助社會、幫助眾生。有些人會從另一個前瞻的角度，認為奉獻就是希望預約來生的福德。但是，真正的佛教徒，修行沒有其他目的，只是很單純地為了解脫自己的煩惱，而後渡眾生，自己不煩惱了，讓眾生也得到利益。自己得解脫，奉獻給別人。

生命的意義與價值，始於自我的認知與界定。

　　還債，在感受上是痛苦的事；還願，則是快樂的事。還債，是被動的、被要求、被逼迫；還願，是主動的付出，主動的奉獻。

　　很多人一輩子都在抱怨，只要覺得自己受苦，就感到委屈、不公平，好像父母、兄弟、社會都虧欠他。這樣的人，一輩子不管多麼努力，都在「結怨」，而不是「結緣」！

　　但是，相對的，另一種人則是樂天知命，了解這一生所碰到的快樂與痛苦，都是各有各的福德因緣，既不會羨慕別人，也不會委屈抱怨，他這一生都在「結緣」，而不是「結怨」。

　　聖嚴法師勸勉大家要「廣結善緣」。如果兄弟姊妹、父母、朋友、同事對你不公平，不要埋怨，想辦法積極奉獻，用自己有限的時間、金錢、體力，去做對別人有利的事，這就是廣結善緣。從因緣的觀點自省，檢討過去可能沒有多結善緣，才有這些不如意的遭遇，所以現在多結善緣。

接受痛苦，轉化心念，要多結緣，不要結怨。

| 1 0 0 |
從小沒有獲得父母的關愛，
最後竟是我獨自承擔照顧責任？

> 若想不到對方的「恩」，
> 就用「願」來替代。
> 「願」的力量，比「恩」更大。

　　有位朋友的父母親重病，兄弟姊妹都在國外，就他一個人在台灣，必須負起照顧父母親的責任。因為父母親是慢性的病痛，定期都要就醫、服侍吃藥，滿花時間，他開玩笑說：「我是來還債的！」口氣很無奈。我建議他換一個角度想，其實這是在報恩。我們小時候都會生病，父母也會帶我們去看醫生、餵我們吃藥。如果用報恩的角度，去做還債的

事情，心中或許會比較輕鬆一點。

聖嚴法師提到「還願」。「願」與「恩」相較之下，「願」的力量更大、想法更上一層樓，影響的人更多。因為，「願」是代表了多數人生命的理想、願望，只不過無論再大的「願」，還是要從小地方盡心、盡力做起。如果，想不到對方的「恩」，就用「願」來替代。

有些父母無法從付出最多關愛的子女身上得到報恩，反而從付出心血比較少的子女身上，得到回報。這種來自子女的付出若不是為了報恩，就可以說是還願，讓自己此生有機會來替父母服務，雙方都可以感受到這份善意的互動，而各自解脫。

身為子女，就不要再去多想父母對自己有多少的恩，至少身體是父母生的。父母提供基本的養育讓自己長大，這就是最大的恩惠了！

用這種心情回報父母，也可以說是「還願」的一種方式吧。

曾經有一位居住在台東的女子，生下來就被父母拋棄，交由養父母照顧長大。後來她當了醫生，丈夫也是醫生。養父母跟她生活在一起，收入十分豐裕，她對養父母也非常孝順。但不久之後，生父母找上門來認親，說生活很困難，請她幫忙。突然之間，她變成有兩對父母，也都盡心盡力安置及照顧。

因為生父母窮苦潦倒，所以她報恩時所付出的心力，要比對於養父母還花費更多。可是她的親生父母，非但不知道要感激，還予取予求。給十塊，要二十塊錢；給一棟房子，要兩棟房子，她還是在能力範圍之內，盡量滿足他們的需求。

女醫師感慨地說：「這大概就是叫我來修行的，可能是我欠生父母太多了。」這就是用還願代替報恩的實例。

無論再大的「願」，

還是要從小地方盡心、盡力做起。

| 101 |
人為什麼要有信仰？

有了信仰，可以讓內心較為安定、知足。

有信仰的人，會有安全感、歸宿感，對現實生活沒有太多恐懼、對物質生活也比較淡薄一些，不會追求那麼多物慾的滿足。

相對地，沒有信仰的人，因為內心充斥著不確定感、不安全感的恐懼，為了求得保障，就想要占有某個人，或占有對方的時間、占有對方的財物。像是有些父母年紀大了，就希望占有子女更多的時間、更多的財物、或更多物質上的需求，但卻怎麼追求都是永遠不滿足，心裡非常空虛。

又例如，在發生重大傷亡的災難過後，災區中的居民難免心裡都有陰影。但是有信仰的人，就比較好一些。

他們知道要來的會來，恐懼也沒有用；不來的就不會來，不必恐懼、不必害怕，日子還是要繼續過下去，這就是信仰的好處。

除了「有信仰」和「沒有信仰」這兩種人之外，我發現身邊還有一種人，屬於「半信半疑」的。表面上看起來，他信神明、也參加法會，該拜的、該祈禱的、該念佛的也都會，可是就沒有信得那麼徹底，常常還是會有懷疑、會有退轉的念頭。

他們的親友往生後，逢年過節都會祭拜，可是對信仰是半信半疑的，也不那麼相信因果或輪迴，可能只信了一個形式，心裡面的信念沒有那麼踏實，身心就難以安頓。

聖嚴法師認為，之所以對宗教「半信半疑」，可能有兩種原因，一種原因是，順隨一般人的風俗習慣，大家怎麼做、父母怎麼做，自己也跟著怎麼做。這種人對於宗教是可信、也可不信，但是他覺得父母、親友等多半的人這樣做，自己就跟著做。到廟裡燒香、過年過節祭祖，大家一向都是這麼做，若是沒跟著做好像不安心。這些人抱著「寧可信其有，而不要信其無」，花一點時間、一點錢祭拜，得一個平

安就好。否則，發生意外時，就會認為是因為沒有祭拜、沒有燒香，所以發生意外。

另外還有一種原因，就是沒有修行、沒有信仰的體驗。

信仰只是一種生活的習慣，一定要透過修行的生活才能獲得深刻的體驗。

從修行的生活中，體驗到精神力量的存在，這種人就不會變成半信半疑，所以一定要實踐。

| 1 0 2 |

想真心投入自我精進，卻又半信半疑，該怎麼處理？

　　有位知名的女士，曾經兩度拜訪聖嚴法師，說她很想投入信仰，但就是無法進去更深的境界。

　　她問聖嚴法師，這是什麼原因？

　　聖嚴法師一語道破說：「很簡單，知識分子都習慣從思辨上來看事情，而沒有真正實際地去實踐。實踐就是要念佛、要拜佛、要懺悔、要打坐。」僅僅閱讀經文雖然有用，但還是要在平常有恆心地念佛、打坐、拜佛，在生活裡會得到一種感應，或是體驗到精神的存在，信心就會加強，不會變成半信半疑。

　　有些人在逆境、遭遇困難或不幸的時候，需要信仰，每天念阿彌陀佛；走到順境，病好了，飛黃騰達之後，就認為信仰是可有可無的。度過逆境，或大病初癒，就不做修行的

功課。問題同樣出在：基本的修行不夠扎實。所以，要回到聖嚴法師曾經提示的重點：落實在日常生活裡一些很有規律的、持續不斷的恆課，一天從半個小時、一個小時慢慢開始再增加時間。當自己的生活變成非常安定，不會煩亂、恐慌，就會覺得修行有用，感受到宗教的力量。

若要從信仰中體會人生價值的核心意義，要從最基本修行生活的實踐做起。

早晚的恆課，拜佛、誦經、打坐這些基本的入門，是最簡單的。但是一般人還是會想要先體驗一下，這些動作的好處在哪裡？

反觀，歐美社會比較重視實踐、實證的經驗，只要告訴他方法，建議從這個方法練習，提出一個生活的態度，要他照這個生活的態度去實踐，在做的過程中就會發現對他有用，就願意接受這樣的修行方式。

從最基本修行生活的實踐做起，
才能找到人生價值的核心意義。

| 103 |

生命的歸宿是在哪裡？

當至親離世時，
學習洞見生死的奧妙，
對自己而言，也是重生的開始。

　　法鼓山主張簡單樸實的生活，對生死大事的處理也是如此，教人家不要太鋪張浪費。即使是必要的佛事，親自誦經比請人念經更有感應，還有許多書冊都可提供家屬參考，知道如何處理親友往生的儀式。

　　我的父親過世時，就是靠那些書冊，得到許多正確觀念和方法，家人的意見因此達成共識。

生死大事往往在儀式結束之後，才是另一個階段的開始。至親的離世，不只留下傷痛，還有更多有關生命的疑問，像浪花般，看似剛要離開海岸，冷不防地又反撲回來。

聖嚴法師有位弟子，在父親過世之後，感到很徬徨。法鼓山派法師去指導他，處理父親往生的後事。法師告訴他，並不是父親火化了就結束了，不妨開始學佛，一方面是對父親的追思，另一方面是讓自己的懷念有個出路。

於是，定期參加法鼓山寺院的共修活動之後，依然懷念父親，但因為相信父親是很平安的，所以不再擔心、也不再悲傷。開始透過修行，也安定自己。

很多人沒有像他這樣做，於是走上另一個極端，總是沉溺在悲傷中，不知道如何化解生死的問題，不停地問：「現在他到哪裡去了？」「他怎麼不回來跟我講一下？」與其懷疑或擔心，不如轉化成為一種修行的力量，學習洞見生死的奧妙，對自己而言，也是一個重生的開始。

生命的歸宿在哪裡？

這個問題的答案，我是從父母親的病苦中學習，尤其，父親離世前後，體會特別深刻。

父親患有聽力的障礙，我們親子的溝通常透過手寫進行。父親重病期間，不能吞嚥，插著呼吸器和鼻胃管，連書

寫都很困難。

有一天在病房裡，他親手寫下：「妻賢子孝，此生無憾。」身為他的兒子，看見那張紙條，感覺他在交代遺言，內心的悲傷無以復加，但也因為他臨走之前，沒有太多牽掛，而感到安慰。

幾個星期之後的一個晚上，父親在八點多臨終，妻女兒孫都趕回來齊聚病房送他最後一程。我很捨不得，卻覺得他人生圓滿。

父親這一生，物質上過得很困頓。他不是很有錢、很有地位、甚至工作不順。年紀輕輕獨自從中國大陸來台灣，跟他的手足失散多年，再重聚時，頭髮花白、齒牙動搖……從外人看來，應該是有很多缺憾，可是在我的認知裡，他的生命非常完整。

他對朋友很好，寧可自己挨餓、吃虧，也要把自己所有的一切，貢獻給需要幫助的人。在付出的過程中，豐富了他的一生。與他共事過的人，都稱讚他是大好人。

感覺上，父親好像沒有很正式的信仰，他會祭祖，卻不拿香。雖然他一直沒有接觸宗教，印象中他的確很喜歡閱讀弘一大師、豐子愷的書；沒有正式讀過佛經，卻是佛法的體驗者與實踐者。雖然沒有人教他，可是他做了很多利益眾生

的事情，所以他很有福氣，在臨終前覺得自己沒有遺憾。

　　聖嚴法師有顆細膩敏感的心，他很肯定地說：「我想，令尊知道一些佛法，不是完全不知道。」

　　他深入解釋說，學佛有不同的層次，六祖壇經並沒有教人家要念阿彌陀佛，也沒有教人家要整天拜拜。

真正的佛法、禪法，是心正行正，不亂說話，多結善緣，讓心保持在直心的狀況，沒有害人之心、也沒有利益別人的心，不求任何回饋。

|104|
為什麼會對死亡感到徬徨？

> 只要相信生命有其去處，
> 雖然生離死別感到痛苦，
> 卻可以漸漸解脫。

　　聖嚴法師認為，一些看似沒有信仰的人，但是自有安頓身心的辦法。有些所謂「唯物論者」，相信人死後什麼也沒有，他們也很安心，反正沒有了，就把這一生過完。這種人臨終時並不會感到徬徨無依，或沒有歸宿感，他就是歸宿到大自然，有點像「自然主義」，唯物論者大概都有這樣的現象，這些思想家臨終的時候，也不會覺得很遺憾。

　　科學和信仰的關係，其實非常密切。做科學研究到了一個階段，發現宇宙很多奧秘，十分接近信仰的層次。連愛因斯坦，都主張人類要有信仰，沒有信仰就沒有生命的落實感。

　　有信仰的人，意識到生命的歸宿，都有該有的去處。生離死別，雖然感到痛苦，卻可以漸漸解脫。

　　相對地，沒有宗教信仰的人，在往生時沒有生命的歸宿感，對死亡感到恐懼，徬徨無依，卻又非死不可，而家屬也會很痛苦，以為人死了以後，一了百了，非常不捨。

　　而法鼓山的「臨終皈依」儀式，就是針對有遺憾的重病患者，即將往生已經不能言語，只要病人及家屬願意替他皈依，可以由家屬代念皈依詞。

　　有些病人腦死，沒有意識，但他的靈、他的神識，還是存在。法鼓山的法師們為他進行皈依儀式的時候，還是會有感應，可以降低對於死亡的恐懼。

|105|
如何尊重自己的生命？

聖嚴法師出版很多著作，教導民眾如何用正確而積極的態度面對死亡，並且提示在處理生死大事時該注意的事項，眼看著自殺率不斷提高，聖嚴法師甚至呼籲：「你可以不必自殺！」

現代人的平均壽命延長，有科學家還預測，未來人類可能會活到兩百歲，生命的品質卻不一定更好。

父母虐兒案件頻傳、年輕人車禍、溺斃……意外死亡，或中年人自殺的比例，不斷提高。這些生命提前結束，並非自然的原因，而是因為對生命的價值，沒有很清楚的認知，不夠珍惜生命，或不懂得對生命負責。

如果對生命的意義、生命的價值、生命的功能有具體的概念，對父母的責任、對家庭的責任、對社會的責任，都有明白的理解，就不可能選擇自殺。

　　儘管，有些學校已經開始推動「生命教育」，但因為升學考試沒有將它列入測驗範圍，往往教學效果不彰。幸好，有許多民間團體加入推廣。最近這幾年，我隨著台北富邦銀行公益慈善基金會的愛無限樂團，到全台灣中學校園進行將近三百場次的表演，讓同學看見身心障礙者如何克服身心的困難，展現不凡的才藝。現場掌聲如雷貫耳，激發對生命的尊重，比上課的效果更好。

　　我的父母親那一輩的人，日子普遍都過得很清苦，但是都活得知足而幸福。他們沒有接受過「生命教育」，也不需要接受「生命教育」，因為真實生活的苦難與磨練，對他們來說，已經是最好的生命教育。

　　老一輩的人成長的環境很困苦，生活的本身就是「生命教育」的課本。在那個年代裡，生命很脆弱，隨時都可能面臨死亡，所以他們會特別珍惜生命。**經歷過苦難的人，愈會懂得珍惜生命的可貴。**

從積極面對死亡的態度中，可以重新審視自己生命的意義與價值。

|106|
在家庭中，
如何進行生命教育？

體認生命很脆弱，
才能學會珍惜及尊重。

聖嚴法師認為，「生命教育」必須由家庭、學校、社會共同做起。但是，最重要的是從生命即將形成之前，就要開始。

換句話說，在年輕父母還沒有生兒育女之前，就要上一些輔導的課，包括：如何育嬰、如何告訴孩子生命的可貴，如何有宗教的信仰，如何省思生命的意義與價值等。

西方有一句諺語：「每個嬰孩，都是父母親已經實現的願望！」

也許，生下嬰孩之後，因為父母親的能力、經濟條件或教育學識，沒有辦法做到百分之一百的完美父母，至少在生育的時候，對孩子都是有期望的。但是，目前的現實情況卻不一定如此，有部分的嬰孩是因為年輕的父母沒有做好安全措施而受孕，從生命形成的初始，就已經不在父母的期望之內，再加上夫妻失和離異的比例也在竄升，棄養和虐待孩子的悲劇，就會不斷發生。

配偶與怨偶的差別，其實就在兩人是記恩、還是記怨。夫妻之間，通常都是恩怨互動，不是冤家不聚頭，沒有恩怨就不容易成為夫婦。

相處的時候，不要去介意對他的怨，而多去珍惜他給的恩，彼此願意包容、學習，把對方的錯誤當成是自己的老師，人生就會是快樂而不是痛苦。

用快樂的心態，經營家庭生活、教養子女，才能夠建立對生命的尊重。

| 107 |
思考要留什麼給孩子？

　　我曾經在演講「親子溝通」這個主題時，跟聽眾分享一個觀念：「不要只是問孩子吃飽了沒有？」偶爾要關心孩子：「吃苦了沒有？」每天吃一點苦，培養孩子吃苦的能力，可以鍛鍊他們更多心靈上的力量，就像是另一種形式的進補。

　　聖嚴法師聽我聊到親子之間的「吃苦問候法」，很讚許地露出微笑說：「非常好！人生，要從吃苦開始！」

　　充滿智慧的他，隨即補充說：「但是，不要自討苦吃！」把「吃苦」當作「進補」是指：**勇於接受挑戰，獲得成長；而不是自尋煩惱，看到腳好好的卻拿石頭來砸自己的腳，這種不必要的苦，自己不會成長，也幫不上別人的忙，就是愚蠢，沒有智慧。**

　　現代父母常以為，要對孩子好，就是給他吃好的、穿好的，自己省吃儉用，卻留了很多遺產給孩子。其實留過多遺

產給子孫，等於是害他們。財富留給子孫，讓他們衣食無缺，表面上看起來很幸福，卻使得子孫坐吃山空，失去獨立自主的能力，也失去競爭的能力。

聖嚴法師說：「若是子孫不會珍惜，不懂經營，財富就像水，不論錢再多，一夜之間就溜走。」

在印度，有錢人最喜歡做的事，就是供養、佈施，把自己整個庭園、田莊全部佈施，供養三寶。

西方社會也有很多這樣的實例，從事火藥生意的諾貝爾、石油大王洛克斐勒，鋼鐵大王卡內基、股神巴菲特、從事軟體事業而成為全球首富的微軟公司總裁比爾蓋茲等人，都把他們賺的錢捐出來成立基金會，資助全世界的福利事業、教育事業，幫助弱勢團體。

與其留遺產給子孫，
不如佈施給真正需要的人。

|108|

該怎麼做，
才能延續生命的價值？

　　除了金錢的佈施之外；智慧的遺產，也是生命價值不朽的延續，例如，釋迦牟尼佛、耶穌、孔子，他們在生前沒有財富，但是他們的言論、思想能夠使得千秋萬世以後的人們都受惠。其他沒有自己的思想、智慧的人，也能靠著弘揚、傳遞智慧而把寶貴的心靈遺產，傳承給後代的人，子孫都能受惠。

　　有很多聖嚴法師的弟子，或許沒有很多錢，也談不上很高深的學識，但每天都到山上去做義工，把自己的生命投入公益事業，這些從無形到有形的功德，就是他們留給子孫最寶貴的遺產。

只要你留下的東西，可以對產生
正面的影響，
哪怕只是種下一棵樹讓人乘涼，
也是有意義的成就。

　　尊重生命，愛護生命，最基本的具體實踐，是要做到珍惜有用之身，發揮才華替別人服務，包容跟自己想法不同的人。

　　聖嚴法師說：「很多的人都說，這一生太苦，希望此生過完，不要再來世間，因為實在太苦。但是，菩薩不怕苦，菩薩一次一次地再來，祂寧可吃苦，願意向眾生學習。」

　　回顧自己的前半生；也展望自己的後半生。如果可能，當下就是個界線。曾經吃過很多苦的我，以為修行是為了解脫；如今我才知道：佛國淨土，並非往生才能到達的去處，它就在每個人自己的心中。

　　生命的歸宿，其實是自己初發的願心。真正有心的人，總會乘願再來。

| 聖嚴法師序 |
轉念之後 柳暗花明

　　我和吳若權先生，一個是宗教界的老和尚，一個是文壇炙手可熱的暢銷作家；我們倆人之間，說熟悉也不是，若說生疏，那還不至於。因為若權是個多產作家，他的小說、散文經常發表，而每一發表，便廣受矚目。我如果有因緣接觸，也會拜讀他的文章，欣賞他的才華。

　　他的文筆行雲流水，深受大眾喜愛，也很容易閱讀。除此之外，我所知道的若權更是個全方位的天才，不僅在寫作上凸顯長才，更跨足於廣播、電視、演說等多重領域，在各方面的成果都令人讚嘆。尤其他巡迴台灣各中小學校園，舉辦了數百場次演講，擁有廣大的群眾魅力；他的受歡迎，是不分男女老少，也沒有年齡、階層之別的。我記得有一次在長榮班機上，突然有一位空服員要求我簽名，她拿了護照本給我希望我在其上簽名。結果我發現在我簽名之前，上頭已有一位名作家的簽名字跡，那便是若權，可見得他受歡迎的程度。

　　不過，我與若權面對面直接的接觸，就是這次的訪談了。從今年一月下旬開始（編按：此為二〇〇七年），若權幾乎每星期都到我靜居的精舍來看我，每週訪談兩次，每次訪談的時間一至兩小時不等。前後共有八次訪談。我們談的內

容，不會涉及什麼高深的佛理，而是一般人在生活上、心理上乃至生理上，可能會遭遇的阻礙、困頓、矛盾等各式各樣的難題，而在面臨種種難題之時，若權問我「該怎麼辦？」也就是聽聽我的看法。

　　一般人面對問題，往往會陷入慣性的思考模式，或者從習以為常的觀點來看待，然而這對問題的解決幫助不大，甚至會造成自己和他人的困擾。也就是被困擾纏縛，不容易得解脫。佛教所謂的「苦」，也就是指遇到種種困擾之時不知如何處理，而落入一般常識性、習以為常的處理方式，結果可能愈處理愈糟糕！

　　如果我們換一個角度，從佛法的立場來看問題、處理問題，往往就能夠海闊天空。面對煩惱的處理，我的基本立場是「正面的解讀，逆向的思考」。正面的解讀，就是遇到任何問題，不要一來就視為負面的阻力，而要看成是一種砥礪的助緣。逆向的思考，是遇到順心的事，不沾沾自喜、不得意忘形；遭逢挫折與不如意事，不氣餒，也不垂頭喪氣；只要觀念一轉變，就能柳暗花明。我談問題，大概都是從這個基本立場出發。

·　·　·

　　當然，我這個七十八歲的老人，對於社會的世故人情和
對佛法的認知體驗，可能要比一般人更深入些。因此對於若
權的提問，也就是他所看到的世間種種現象，特別是華人社
會經常遇到的一些問題；他從多方面、多角度地來問我，我
則盡我所知、盡我所能來回答，希望我的回答能對讀者們有
所助益。

　　能跟這樣一個多產的名作家對話，是非常愉快的一件
事。若權的反應非常敏捷，有時他提出問題，當下自己已有
了想法，也會回饋給我。這本書的構成，原貌是我們倆人的
對話，成書以後，則以第一人稱口吻呈現；由若權娓娓說來，
而不是聽我這個老和尚講話，讀來應是滿輕鬆的。如果是以
第三者立場記錄往來的對話，雖有翔實的優點，但是親切感
可能就少些了。我滿歡喜這本書的出版，但願本書能對我們
的華人社會有一些幫助。

　　　　　　　　　　　二〇〇七年六月二十七日　法鼓山

慈悲喜捨

若權居士：

李信收到，

受訪的時日，感到有過知己的暢懷。

「甘露與淨瓶的對話」在閱讀神出版，相信會有很多讀者受益，希望主有很多人讀完，這實在是一本好書。

剛出書，就以著作贈者，甚對你的大學辦學經費的捐贈，新台幣三拾萬元，以信用卡支付轉帳的授權書，當日下午，果然即已從我逼見財金卡位出會會奉上正式收據，祝福，貴母子平安幸福健康

聖嚴　二〇〇〇年九月六日

法鼓山
聖嚴用箋

慈悲喜捨

莊權居士：

謝謝您寄來 新出版的、發現讀書的力量, 讓我非常喜歡。

您勤於讀書. 也勤於筆耕. 為眾生的心播下粒粒善根的種子.

投桃報李, 我也奉贈一冊, 真是大好年, 敬請指教。

九月廿日在彰化佛育館的聯誼晚會, 你捏個主持, 學中感功. 使我欣賞您在寫作以外另一面的才華。祝福

聖嚴 二○○三年十月廿五日

聖嚴用箋

慈悲喜捨

若羅□居菩薩：

　來信收到。承蒙關心，戲體的健康，至為感謝。其實我是一個長期洗腎的無腎之人，此乃老病，人人只是發願要盡形壽獻身命給沙彌眾生，此尚能拖殘而活。仁者乃一介寒士，仍以母子守貧為樂，尤其對於沙彌大學更增感動，淨□與甘露□□到七□當係龍天相護也。

聖嚴　敬上
2008、10、10、

聖嚴用箋

關於聖嚴法師
(1931/01/22-2009/2/3)

• • •

虛空有盡，我願無窮

今生做不完的事，願在未來的無量生中繼續推動。

〔發願〕

　　孩童時期，便進入寺中學習出家人應學的一切，聖嚴法師發現佛經不僅是用來超度亡靈，而是讓人們照著去做的，於是心裡湧起一股讀懂佛經並分享他人的願望。

　　即便投入軍旅，仍廣泛閱讀，並且親近教界。退役之後。正式於東初老人座下剃度出家，得法名「聖嚴」，意為「以聖教莊嚴佛法，又以聖法嚴飾身心，復用聖德淨毘尼」，勉嚴以律己並發揚聖業。

〔潛修〕

　　為充實佛學及修持，便南下至高雄美濃朝元寺自修，解行並進──行則拜懺、打坐；解則閱藏，以律學為主，兼研《阿含》部等經典，以深入佛法思想根源。法師經長考，為提高佛教的學術地位以及僧人的素質，以開創佛教教育新局面，毅然於 1969 年赴日本東京立正大學攻讀碩士。

〔弘法〕

　　被美國佛教會選為新任董事，兼副會長及大覺寺住持。同年，還與日常法師合作，於美國大覺寺開設週日靜坐班，之後更陸續開設禪坐訓練班，以接引中、美青年學佛。投身於教育界，在臺灣接任中華學術院佛學研究所所長，在美國創了東初禪寺，往返美臺。甚至，復刊了《人生月刊》。

〔開山〕

　　開創「法鼓山」，期能如晨鐘暮鼓般，以佛法宣導人世，普化人間。法師強調，法鼓山不但屬於整體佛教，也是屬於全民教育的地方，是一座涵蓋學術、教育，以及提昇人品的國際性修行中心。不僅開創漢藏佛教世紀對談，還登上聯合國演說，致力世界和平。

〔圓滿〕

　　聖嚴法師興學為了後世，繼中華佛學研究所、僧伽大學之後，還成立了「法鼓佛教學院」。希望培養具有國際宏觀視野的宗教師及學術文化兼具的領導人才，期許帶給人類和平、地球永續，亦是法師留給後世的祝福。

（以上資料擷取自「法鼓山聖嚴法師數位典藏」生命故事）

| 原版自序 |
淨瓶常注甘露水

．　　．．

生活即佛法，一念一枝花

對於像我這樣一個律己甚嚴、日常生活作息如在過修行生活，凡事講求規畫及效率的人來說，在無常的生命中所充滿的未知變數，每一件意料之外的憾事，特別讓自以為規畫縝密、踏實付出的我，感到沮喪、痛苦、慌張。

面對人生的困頓，我的反應既不是生氣，也不是難過。多數的時候，我是感到畏懼惶恐，常不知道老天下次要在什麼時候出手？我曾經試著努力提防過，準備過，捍衛過，像迎接生命的戰役那樣養精蓄銳而後全力應戰過，但就在一次一次感情的、親情的、工作的、生活的挫折……措手不及地連續被痛擊之後，我才知道另一種鍛鍊自己的方式，是平靜地接受因緣起滅，不再頑強抵抗，沒有戰勝的念頭，棄甲並不等於投降，而是與生命的意外和平共處，以歸零的心情和謙卑的態度，讓自己走向生命的谷底，然後拋下榮辱、未計成敗，緩步轉身，重新在學習的階梯上拾級而行，發現：生活即佛法，一念一枝花。

活在當下，清醒而自在

所謂的「正面思考」，並非認定人生只有陽光、沒有陰暗，而是在陽光處盡情舒展身心，碰到陰暗時懂得安頓自己。比較重要的是：無論身處陽光裡或陰暗中，不要忽略這一生的任務，不要忘記所為何來！拿這些題目來自問自答，已經是我生活的習慣之一。

生命的機緣，何其巧妙，冬末春初，得到聖嚴法師的首肯，接受與我對談的邀請，並以筆記的方式記錄聖嚴法師的智慧開示。這些疑問，有些是我本身碰到而無法解答的，有些則來自四周朋友的遭遇，其實就是每個人一生都會碰到的問題。

聖嚴法師的應允，讓我面對前所未有的承擔。由於每次談話時間有限，我既想要從他身上得到更多解答，卻又擔心妨礙他的作息，增加他的勞累。拜訪聖嚴法師之前，我努力閱讀聖嚴法師歷年來的作品，期望在現場的每一問、每一句，都力求簡單扼要。但是，正式開始訪談之後，我們卻像忘年之交，在久別重逢的談笑中，不覺日已西沉，星光滿天。

．　　　．．

領受聖嚴法師的智慧，分享法喜

　　聖嚴法師與我會面時，總在言談中流露親切和藹的氣質，完全沒有宗教大師的架子。他思路敏捷，旁徵博引，令人在對他恭敬的態度中，多了幾分忍不住要親近的孺慕之情。

　　最令我感到驚訝的是，即使他用微小的音量說話，言語聲調卻極具穿透力，彷彿他所說的一切都可以跨越時空，到達心靈的彼岸。聖嚴法師深厚的修行基礎，在平凡中展現巨大的力量。在他的循循善誘之下，我發現：佛法講究利益眾生的觀念，和我多年來研習的企管及行銷的理論和實務都可以並行不悖。他對生命的深入解讀，和我對人生的粗淺體會，也在很多地方交會，綻放美麗的火花。

　　在本書即將付梓的前夕，收到聖嚴法師親自題字的墨寶，「淨瓶常注甘露水」，我覺得寓意甚深，在這裡所指的「甘露」當然就是聖嚴法師的智慧開示，至於淨瓶呢？生日星座標記為「水瓶座」的我，雖驚覺因緣巧合，但絕對不敢說自己是一只潔淨無瑕的瓶子，而是自勉注入聖嚴法師賜予的甘露，將逐漸洗去塵垢，淨化心靈，沉澱之後，再將甘露分

享給大眾。我相信，每個人都可以是一只瓶子，無論形狀、材質為何，只要願意常注甘露，就能得到智慧與解脫。

祝福，永不止息

與君一席談，勝讀十年書。我常回想起跟聖嚴法師會面的情景。每次都約午後四點會面，為了避免遲到，我都會提前抵達精舍樓下，獨自站在行人道上，悠然地守望著街邊路樹。

等待和聖嚴法師見面的片刻，是我心情非常平靜的時光。

料峭春寒的日子，寒風吹過枯枝。沒有多久，木棉花開了、又謝了。路樹綠葉才剛扶疏，接著蟬聲就不絕於耳。我的心裡，有一部電影悄悄放映著，不論是苦難的、或幸福的畫面，人生的場景一幕一幕，翻飛過我的眼前，逐漸化成雲煙。春去秋來，物換星移，那個渴望學習人生知識，想找到生命密碼的我，彷彿還一直站在菩提樹下，不捨離開。

向聖嚴法師的請益，終會告一段落；但是，透過這本書，聖嚴法師給社會大眾的智慧與祝福，永不止息。

| 二版自序 |
正面的解讀；逆向的思考

‧　　‧‧

想遇見未來的自己，先活出當下的自己

　　如果可以遇見未來的自己，你會看到一個怎樣的你？你想要變得更成功、更有錢、更快樂、更自信、更包容、更慈悲、或更幸福……有沒有可能，你不必特別花心思從中抉擇，而是因為在每一個當下，做對了正確的取捨，自然而然地回歸你本身該有的原廠設定，重新獲得沒有煩惱、沒有匱乏、沒有恐懼的人生。從此，自由自在。

　　未來，其實是由每一個當下，所累積而成。

　　《金剛經》記載佛陀的話：「無所從來，亦無所去，故名如來。」南懷瑾老師註解《金剛經》說：「時間是相對的，真正的時間，萬年一念，一念萬年，沒有古今，沒有去來。」過去與未來都沒有，只有當下的一念。

　　觀照自己，不必執著於過去與未來，唯有當下是真的。

在逆境中保持積極的意念；
在順境中擁有謹慎的態度

　　當自己的理想，對外不能夠積極作為的時候，以沉潛的方式，回到內在去做更深度的閱讀與旅行。閱讀，除了書，

還有眼前幻化無常的世間中，最真實的生命故事。旅行，我學會「走出去看世界的同時；是要走進內心深處看自己」，於是看到靈性中更豐富的風景。

在茫茫人海中，許多與我透過心靈對望的眼神裡，我深深地知道、明明地清楚：我們未必是課堂上的同窗；但絕對都是生命裡的共修。

當我們經歷更多的悲歡離合、事業起落、病痛纏身，放棄頑強的抵抗，學會接納與隨順，或許有機會可以慢慢體會到以下這個事實：生命中，每個人經歷的事件不同，而所有的劇本不外乎就是只有兩種鍛鍊：在逆境中保持積極的意念；在順境中擁有謹慎的態度。而順境與逆境都只是一時的，唯有其間生出愛與寬恕的勇氣，才能讓自己的智慧更進階，靈性更昇級。

藥山禪師說：「雲在青天水在瓶。」再多的修行，不過就是練成一身「榮辱不驚、物我兩忘」的平靜。沒有過多的欲望，就不會被恐懼所困；沒有太多的奢求，能捨能得都很自在。

學習以「正面的解讀」接受當下；用「逆向的思考」走

出困境。問題的本身，從來就不是問題，而是你從什麼角度看待問題。

　　聖嚴師父講的佛法，其實並不限於宗教的領域，而是放諸四海皆準的生活哲學。應用佛學的智慧，鍛鍊放下煩惱的勇氣，活出自由自在的人生。

　　當木棉花開的季節，我總會想起那個料峭春寒，在台北市仁愛路口等候與聖嚴師父見面的心情。往事如煙，卻歷歷在目。「哲人日已遠；典型在夙昔。」每個人的肉身都有灰飛煙滅的盡頭，留給這個世界的精神典範，卻可以不朽。無畏於人間苦難，而發心「乘願再來」，是最慈悲的勇者。

特此鳴謝

· 法鼓山果本法師、常寬法師在訪談過程中的安排。

· 法鼓山果郁居士借閱書籍及寶貴諮詢。

· 富邦文教基金會執行董事陳藹玲小姐的指導與協助。

· 陳瀅羽小姐幫忙整理錄音文字檔案及校對。

編註：吳若權向法鼓山聖嚴法師請益的內容，曾於2009年出版為《甘露與淨瓶的對話》；2016改版為《正面的解讀；逆向的思考》。2023年大幅修潤改編為全新版本《煩惱也沒關係；牽掛，表示你在意》。

你的一小段話，
將會是我們成長的動力！

吳若權讀友募集活動開始了，

謝謝你因為《煩惱也沒關係；牽掛，表示你在意。》

而成為我們的好朋友。

如果你對新書有任何建議，或是對作者有說的話，

都能在這裡留言喔，我們也會不定期放在書中分享。

現正開放登錄中

成為好朋友，可以享有以下優惠：
◉ 搶先新書訊息不漏接！
◉ 好康活動，第一個想到你！

同場加映

[YouTube]
吳若權的幸福書房

[Podcast]
權式重點

悦知文化
Delight Press

線上讀者問卷 TAKE OUR ONLINE READER SURVEY

轉念即放下，
簡單也減擔！

————《煩惱也沒關係；牽掛，表示你在意》

請拿出手機掃描以下QRcode或輸入
以下網址，即可連結讀者問卷。
關於這本書的任何閱讀心得或建議，
歡迎與我們分享 ☺

https://bit.ly/3ioQ55B

煩惱也沒關係；牽掛，表示你在意。

作　　者 | 吳若權 Eric Wu

責任編輯 | 鄭世佳 Josephine Cheng
　　　　　許芳菁 Carolyn Hsu
責任行銷 | 朱韻淑 Vina Ju
封面裝幀 | 鄭婷之 Z設計
版面構成 | 鄭婷之 Z設計
插　　畫 | Damee Wu
內頁排版 | 黃靖芳 Jing Huang
　　　　　林婕瀅 Griin Lin
校　　對 | 許芳菁 Carolyn Hsu

發 行 人 | 林隆奮 Frank Lin
社　　長 | 蘇國林 Green Su

總 編 輯 | 葉怡慧 Carol Yeh
行銷主任 | 朱韻淑 Vina Ju
業務處長 | 吳宗庭 Tim Wu
業務主任 | 蘇倍生 Benson Su
業務專員 | 鍾依娟 Irina Chung
業務秘書 | 陳曉琪 Angel Chen
　　　　　莊皓雯 Gia Chuang

發行公司 | 悅知文化　精誠資訊股份有限公司
地　　址 | 105台北市松山區復興北路99號12樓
專　　線 | (02) 2719-8811
傳　　真 | (02) 2719-7980
網　　址 | http://www.delightpress.com.tw
客服信箱 | cs@delightpress.com.tw
ISBN：978-626-7288-38-2
初版一刷 | 2023年05月
初版三刷 | 2023年10月
建議售價 | 新台幣399元

本書若有缺頁、破損或裝訂錯誤，請寄回更換
Printed in Taiwan

國家圖書館出版品預行編目資料

煩惱也沒關係;牽掛,表示你在意／吳若權著.
-- 初版. -- 臺北市：悅知文化 精誠資訊股份
有限公司,2023.05
336面；14.8×21公分
ISBN 978-626-7288-38-2 (平裝)
1.CST：人生哲學　2.CST: 修身

191.9　　　　　　　　　　112006810

建議分類：心理勵志

攝　　影 | 謝文創
攝影協力 | 宋美芳
妝　　髮 | 張馨元
造　　型 | 游亦舫
髮　　型 | 楊牡丹
眼鏡造型 | 楊書維（玩。美鏡 02-87726679）

本書改版自2009年《甘露與淨瓶的對話》、
2016年《正面的解讀；逆向的思考》。